UR

Contribución de la Universidad del Rosario al debate sobre el fallo de La Haya:
Análisis del caso Nicaragua vs. Colombia

Contribución de la Universidad del Rosario al debate sobre el fallo de La Haya: Análisis del caso Nicaragua vs. Colombia / editores académicos Carlos Holmes Trujillo García y María Lucía Torres Villarreal. —Bogotá: Editorial Universidad del Rosario. 2013.

136 p.: mapas.—(Colección Institucional)

ISBN: 978-958-738-351-5 (Rústica)
ISBN: 978-958-738-362-1 (Digital)

Derecho internacional / Conflictos internacionales / Colombia – Relaciones exteriores – Nicaragua / Nicaragua – Relaciones exteriores – Colombia / Fronteras – Colombia / Derecho internacional marítimo / I. Universidad del Rosario / II. Trujillo García, Carlos Holmes, editor académico / III. Torres Villarreal, María Lucía, editora académica / IV. Título / V. Serie.

341.448 SCDD 20

Catalogación en la fuente – Universidad del Rosario. Biblioteca

amv Abril 16 de 2013

Hecho el depósito legal que marca el Decreto 460 de 1995

Contribución de la Universidad del Rosario al debate sobre el fallo de La Haya:

Análisis del caso Nicaragua vs. Colombia

Carlos Holmes Trujillo García
María Lucía Torres Villarreal
-Editores académicos-

Colección Institucional

Editorial Universidad del Rosario
Carrera 7 Nº 12B-41, oficina 501 • Teléfono 297 02 00
http://editorial.urosario.edu.co

Primera edición: Bogotá D.C., mayo 2013

ISBN: 978-958-738-351-5 (Rústica)
ISBN: 978-958-738-362-1 (Digital)

Coordinación editorial: Editorial Universidad del Rosario
Corrección de estilo: Claudia Ríos
Diseño de cubierta: Lucelly Anaconas
Diagramación: Precolombi EU-David Reyes

Fecha de evaluación: 18 de marzo de 2013 | Fecha de aprobación: 20 de marzo de 2013

Contenido

Presentación

La Universidad del Rosario, en desarrollo de sus fines institucionales, siempre ha sido partícipe de los grandes acontecimientos de la historia de nuestro país, procurando aportar, desde la Academia, las herramientas necesarias para el estudio de los temas que se debaten en Colombia.

Por esa razón se estructuró el proyecto *Contribuciones de la Universidad del Rosario a los Debates Nacionales*, el cual permite que la Universidad se haga presente en las reflexiones acerca de los asuntos de mayor trascendencia para el país.

Luego de las consideraciones alrededor de la Educación Superior en Colombia y de la presentación de la publicación *Contribución de la Universidad del Rosario al debate sobre Educación Superior en Colombia*, el proyecto se ha venido ocupando, entre otros temas, de la problemática relacionada con los efectos del fallo de la Corte Internacional de Justicia en el caso Nicaragua vs. Colombia.

En diciembre de 2012, algunos días después de que se profiriera el fallo en el citado caso, la Oficina de Contribuciones de la Universidad del Rosario a los Debates Nacionales y el Observatorio Legislativo organizaron el coloquio en modalidad de rueda de prensa *Qué viene para Colombia tras el Fallo de La Haya,* el cual tenía por objeto que expertos rosaristas en la materia, cuya opinión había sido consultada por distintos medios, absolvieran las inquietudes del público asistente, entre ellos, comunicadores, en relación con los efectos del mencionado fallo para nuestro país.

A raíz de ese coloquio se estructuró la obra que ahora se entrega. Se trata de una compilación de interesantes artículos escritos por dichos expertos, en los que, desde diversas perspectivas y áreas del conocimiento, se analiza el fallo de La Haya, sus alcances y consecuencias para Colombia. Adicionalmente, se ha incluido, previa autorización del autor, un aparte elaborado por el doctor

Marco Gerardo Monroy Cabra en el que se analiza esta providencia. Este acápite ha sido tomado de la más reciente obra del doctor Monroy llamada "El diferendo entre Colombia y Nicaragua sobre el Archipiélago de San Andrés y Providencia", la cual fue presentada a la comunidad académica el pasado 5 de marzo en la Universidad, dando continuidad a las publicaciones que en ese sentido ya ha realizado el doctor Monroy. Le extendemos especiales agradecimientos por permitirnos incluir algo de sus escritos en esta obra.

De igual forma, hemos incluido dos mapas sobre la situación geográfica de San Andrés, antes y después del Fallo. Agradecemos a la Revista *Anuario Colombiano de Derecho Internacional* – ACDI el habernos facilitado esta información.

De esta manera, la Universidad del Rosario hace un aporte más al análisis de temas que interesan a todos los colombianos y nos permite seguir avanzando en la construcción de la biblioteca de contribuciones de la Universidad del Rosario a los grandes debates nacionales.

Carlos Holmes Trujillo G.
Director
Oficina "Contribuciones de la Universidad del Rosario a los Debates Nacionales"

María Lucía Torres V.
Directora
Observatorio Legislativo y de Opinión
Universidad del Rosario

Denuncia del Pacto de Bogotá: Implicaciones jurídicas para Colombia

Andrea Mateus Rugeles*

Resumen

Tras la denuncia del Pacto de Bogotá, ¿puede la Corte Internacional de Justicia (CIJ) conocer algún caso en relación con Colombia? ¿Podría desconocerse el fallo de la Corte de noviembre de 2012 en el caso Nicaragua contra Colombia? ¿Después de la denuncia del Pacto, tendría competencia respecto de Colombia para conocer de la demanda presentada por Ecuador en el año 2008, por las aspersiones con herbicidas químicos? El estudio de las implicaciones jurídicas —frente a la CIJ— permite contestar estos interrogantes al analizar desde tres perspectivas las consecuencias jurídicas de la mencionada denuncia —el fallo de la Corte Internacional de Justicia, casos futuros y casos en curso—. Igualmente, a modo de reflexión, se responden de manera negativa los cuestionamientos acerca del supuesto desconocimiento de la soberanía del Estado colombiano al ratificar tratados que le dan competencia a tribunales internacionales para tomar decisiones en relación con el Estado y el alegado desconocimiento del Derecho Internacional al tomarse la decisión de denunciar un tratado.

* Abogada de la Universidad Colegio Mayor de Nuestra Señora del Rosario. Máster (LLM) en Estudios de Derecho Internacional, 2007, New York University, Estados Unidos. Profesora de carrera académica de Derecho Internacional y Derecho Penal Internacional. Coordinadora del Área de Derecho Internacional de la Facultad de Jurisprudencia de la Universidad del Rosario. Codirectora de la Clínica de Derecho Internacional Penal y Derecho Internacional Humanitario de la Universidad del Rosario.

Abstract

After the denunciation of the Pact of Bogotá, does the International Court of Justice (ICJ) have jurisdiction over any case related to Colombia? Would it be feasible to ignore the decision of the Court of November 2012 in the case Nicaragua v. Colombia? Would it maintain its jurisdiction over Colombia regarding the application presented by Ecuador in 2008 for the aerial herbicide spraying? The study of the legal implications —before the ICJ— allows answering to these questions when the implications of the referred denunciation are analyzed from three perspectives —the judgment of the ICJ, future cases and current cases—. Likewise, and as a reflection, the questions regarding the supposed ignorance of the sovereignty of the Colombian state when ratifying treaties that give jurisdiction to an international tribunal to make decisions in relation to the state iself, as well as the alleged ignorance of the International Law when a treaty is denounced by a state, are answered in a negative way.

Introducción

El 19 de noviembre de 2012 la Corte Internacional de Justicia emitió un fallo de fondo en la demanda interpuesta por Nicaragua contra Colombia en un diferendo marítimo y territorial. La decisión de la Corte fue desaprobada por la mayoría de la sociedad colombiana que, en un error alimentado por el desconocimiento y la desinformación, mantuvo por años la (falsa) convicción de que el meridiano 82 era la frontera marítima fijada, establecida y reconocida entre Nicaragua y Colombia.

Al encontrar que la Corte reconocía derechos a Nicaragua más allá de la alegada "frontera", pero igualmente, al empezar a vislumbrar los efectos para Colombia y sus nacionales en relación con la decisión, las opiniones con conocimiento y sin tal, no se hicieron esperar. Fue tal la presión de distintos sectores, impulsando al gobierno a reaccionar y a no quedarse callado ante "tal afrenta", que se habló de opciones no válidas como el "desacato" del fallo o la presentación de un recurso de apelación.

Se atacó la jurisdicción de la Corte, se puso en tela de juicio la pericia y desempeño de sus magistrados, y hasta se cuestionó la validez del Derecho Internacional. Lo cierto es que, válidas o no tales propuestas, era claro que el gobierno debía hacer algo; sin embargo, el momento de actuar debió haber sido previo (y me refiero a con mucha anterioridad) a la decisión del tribunal.

Así, el 27 de noviembre, a tan solo nueve días de la decisión, el Presidente Santos presentó ante el Secretario General de la OEA la denuncia por parte de Colombia al Tratado Americano de Soluciones Pacíficas, también conocido como "Pacto de Bogotá". Para muchos el mensaje fue claro, era una reacción a la decisión de la Corte. Reacción que varios aplaudieron afirmando orgullosos que era necesario enfatizar en que si la Corte tomaba decisiones "contrarias" al Estado colombiano, este no aceptaría más su jurisdicción. Por su parte, la razón formal en la que sustentó el Presidente Santos tal decisión se basa en un criterio de política exterior y de soberanía: la delimitación del territorio colombiano debe darse por acuerdos internacionales y no por adjudicación a través de una sentencia por parte de un tribunal internacional.

Cualquiera que haya sido la razón real que impulsó dicha decisión, lo cierto es que esta tiene unos efectos jurídicos que deben ser analizados y aclarados para evitar generar falsas expectativas, mantener conceptos errados o continuar con el desconocimiento y desinformación en temas que son esenciales para el país y, por ende, para quienes lo habitamos.

En esta medida, este artículo se enfocará en las consecuencias jurídicas de la denuncia del Pacto frente a la Corte Internacional de Justicia, a partir de tres escenarios, el fallo de la Corte del 19 de noviembre de 2012, futuros casos y casos en curso ante la CIJ. Con este fin se empezará por aclarar conceptos como el del Pacto de Bogotá, la Solución Pacífica de Controversias Internacionales y la figura de la denuncia, para terminar con una reflexión en cuanto a las implicaciones de la denuncia del Pacto frente al Derecho Internacional y al Sistema Regional.

Aclaración de conceptos

Mucho se ha dicho en los medios y en foros acerca de la denuncia del Pacto y de las razones que motivaron dicha denuncia, así como de sus implicaciones políticas y jurídicas. Aunque este artículo solo se enfocará en las segundas, el entender con claridad el contexto y el fundamento del Derecho Internacional, al igual que la razón de ser y el alcance de tratados como el Pacto de Bogotá, y figuras como la denuncia, permitirá aproximarse al tema con mayor certeza y precisión, abriendo la posibilidad a discusiones informadas que sirven como aporte a la construcción de una política exterior.

a. *Pacto de Bogotá*: El Pacto de Bogotá es un tratado negociado en el seno de la Organización de Estados Americanos (OEA), dirigido a los Estados miembros de esta organización. Mediante dicho tratado los Estados convienen en abstenerse de la amenaza o del uso de la fuerza para arreglar sus controversias y, en este sentido, buscan recurrir a procedimientos pacíficos para solucionarlas. Los procedimientos pacíficos consagrados por el Pacto son los buenos oficios, la mediación, la investigación, la conciliación, el arbitraje y el procedimiento judicial.[1]

   Es mediante este último que se le otorga competencia a la Corte Internacional de Justicia (CIJ)[2] para conocer de todas las controversias jurídicas que surjan entre las Partes del Tratado, en relación con la interpretación de un tratado, con cualquier cuestión de derecho internacional, con la presunta violación de una obligación internacional y con la naturaleza o extensión de la reparación por incumplimiento de una obligación internacional. Esta disposición, correspondiente al artículo 31 del Pacto, es tan solo una de las cuatro formas en que la CIJ puede adquirir competencia, esto es, en que puede conocer de un caso en relación con un Estado. Las otras tres se referirán más adelante en el capítulo sobre las implicaciones de la denuncia al Pacto.

   Conforme a lo anterior, es importante resaltar que el Pacto de Bogotá es un tratado que no solamente implica la competencia de la CIJ, sino que, de manera más amplia, está encaminado a la solución pacífica de las controversias internacionales, dentro de un contexto específico, cual es el Sistema Interamericano.

b. *Solución Pacífica de Controversias Internacionales*: El concepto de solución pacífica de controversias internacionales no es un invento de

---

1 Estos procedimientos se consagran a lo largo del Tratado, desde el capítulo II al V.

2 Durante las negociaciones del Pacto de Bogotá se discutió acerca de la creación de un tribunal interamericano frente al cual se someterían las controversias surgidas entre los Estados Parte; dando así aplicación al procedimiento judicial consagrado en el Pacto como uno de los mecanismos de solución pacífica de controversias. Finalmente, el acuerdo al que se llegó en las negociaciones fue plasmado en el capítulo IV, en el que se establece que el procedimiento judicial, como mecanismo de solución de controversias, estará a cargo de la Corte Internacional de Justicia. En otras palabras, la posición que se acogió fue la de acudir a la autoridad del tribunal internacional (la Corte Internacional de Justicia) en vez de crear un tribunal propio del sistema.

la OEA; por el contrario, tiene antecedentes remotos como la primera conferencia de Paz de La Haya de 1899, cuando el Emperador de Rusia, el Zar Nicolás II, ante la inminencia de lo que sería inevitable, convoca a una conferencia internacional con el fin de "discutir los medios más eficaces para asegurar a todas las naciones los beneficios de una paz duradera y real".[3]

La Conferencia fue convocada en La Haya, Reino de los Países Bajos, en razón a la intención de realizarla en un lugar neutral, ajeno a los intereses políticos "concentrados" en las capitales de las grandes potencias, "que puedan, de pronto, impedir el progreso del trabajo en el que todos los países del universo, están igualmente interesados".[4]

Uno de los puntos principales, para alcanzar la anhelada paz estaba enfocado en la reducción del incremento armamentístico de los Estados. Por eso, ante la falta de consenso político, que en un principio obstaculizó la realización de la conferencia, Comte Mouravieff, en representación del Zar Nicolás II, envió un comunicado a las potencias encaminado a propiciar un escenario de intercambio de ideas en torno al tema armamentísitico y su incremento progresivo, así como a la prevención del conflicto armado y su solución por medios pacíficos.[5]

Finalmente, el 15 de mayo de 1899 y durante 30 días más, se llevó a cabo la Conferencia Internacional en La Haya, con un resultado importante[6] para esta figura esencial del derecho y la sociedad in-

---

3 Instructions to the International (Peace) Conference at The Hague. Disponible en: http://avalon.law.yale.edu/19th_century/hag99-03.asp. (Traducción no oficial).

4 Russian Circular, January 11, 1899 (December 30, 1898, Old Style). Disponible en: http://avalon.law.yale.edu/19th_century/hag99-02.asp. (Traducción no oficial).

5 Así lo establece la Circular Rusa del 11 de enero de 1899, mediante la cual Mouravieff, en representación del Zar Nicolás II, buscaba mantener y reavivar la idea de la Conferencia Internacional. En este sentido Mouravieff expresó: "the Imperial Government is of opinion that it would be possible to proceed forthwith to a preliminary exchange of ideas between the Powers, with the object:

(a) Of seeking without delay means for putting a limit to the progressive increase of military and naval armaments, a question the solution of which becomes evidently more and more urgent in view of the fresh extension given to these armaments; and

(b) Of preparing the way for a discussion of the questions relating to the possibility of preventing armed conflicts by the pacific means at the disposal of international diplomacy." Ibídem.

6 Como consecuencia de la I Conferencia de Paz de La Haya, se celebraron tratados como La Convención sobre la utilización de armas que impliquen excesivo dolor a las víctimas y La Convención

ternacional. La solución pacífica se presentaba como una figura de obligatoria aplicación frente a controversias surgidas entre Estados. Esta figura se plasmaba en un tratado resultante de la Conferencia, obligando a los Estados que se hacían parte del mismo. Sin embargo, por intereses políticos, los resultados de la Conferencia no tuvieron el alcance esperado: en 1914 estalló la Gran Guerra, guerra de trincheras o la Primera Guerra Mundial.

A pesar de este fracaso, aunque también como consecuencia del mismo, la sociedad internacional mantuvo su visión acerca de la necesidad de mantener su búsqueda en solucionar de manera pacífica las controversias internacionales. Es por esto que en 1945, en la ciudad de San Francisco, cuando se negociaba la Carta de las Naciones Unidas, se incluyó dentro de dicho instrumento constitutivo de la Organización Internacional, el concepto de solución pacífica de controversias. El capítulo VII, directamente relacionado con dicho concepto, prohíbe el uso de la fuerza armada y solo lo autoriza bajo dos excepciones: la legítima defensa y la autorización por parte del Consejo de Seguridad.

A su vez, y buscando implementar este principio internacional de solución pacífica de controversias, la Carta de la Organización de las Naciones Unidas (ONU), dispuso la creación del órgano judicial de la ONU, la Corte Internacional de Justicia. Todos estos mecanismos, consagrados en el referido tratado, están encaminados a resolver de manera pacífica las controversias internacionales que surgieran (en un principio[7]) entre Estados.

El sistema interamericano reprodujo esta idea, al disponer en el artículo 26 de la Carta de la OEA,[8] que toda controversia entre Estados

---

para la Solución Pacífica de Controversias Internacionales de 1899. Este tratado presenta una herramienta importante para la solución pacífica de controversias internacionales, al prever la creación del Tribunal Permanente de Arbitraje Internacional que funciona desde dicha época.

[7] Actualmente la doctrina discute si el uso de la fuerza armada o el término jurídico de agresión (como un medio contrario a la solución pacífica de controversias internacionales) puede aplicarse no exclusivamente entre Estados; esto es, si puede hacerse una aplicación extensiva de dicho término cuando la agresión proviene de organizaciones por ejemplo terroristas.

[8] Carta de la organización de Estados Americanos, artículo 26: "Cuando entre dos o más Estados americanos se suscite una controversia que, en opinión de uno de ellos, no pueda ser resuelta por los

americanos debe ser resuelta por medios pacíficos. Dicho instrumento internacional es la base jurídica que sustenta la negociación de un tratado para solucionar de manera pacífica las controversias entre Estados americanos.

Conforme al Pacto, las partes deben solucionar de manera pacífica sus controversias, pero son ellas quienes deciden a cuál procedimiento acogerse.[9] El capítulo IV, (artículos XXXI-XXXVII) contiene las disposiciones pertinentes a la aplicación del procedimiento judicial. El artículo XXXI da la competencia a la CIJ para conocer de

> (...) todas las controversias de orden jurídico que surjan entre [las partes contratantes] (...) y que versen sobre: la interpretación de un Tratado; cualquier cuestión de Derecho Internacional; la existencia de todo hecho que, si fuere establecido, constituiría la violación de una obligación internacional y/o la naturaleza o extensión de la reparación que ha de hacerse por el quebrantamiento de una obligación internacional.[10]

Así, es claro que el concepto de solución pacífica de controversias internacionales ha tenido aceptación por la sociedad internacional y, consiste en un principio fundante del Derecho Internacional, reconocido e implementado a partir de distintos tratados, como la Carta de la OEA y la Carta de la ONU. Este principio es reconocido por los Estados como Derecho Internacional Consuetudinario (esto es, costumbre internacional como fuente formal del derecho internacional aplicable a todos los Estados, salvo una objeción persistente) y se encuentra consagrado en la Resolución 2625 de 1970 de la Asamblea General de las Naciones Unidas como un principio central de la sociedad internacional.

---

medios diplomáticos usuales, las Partes deberán convenir en cualquier otro procedimiento pacífico que les permita llegar a una solución".

[9] El capítulo primero del Pacto de Bogotá consagra la obligación de los Estados a solucionar sus controversias por medios pacíficos, así como la discrecionalidad para escoger el procedimiento que consideren más adecuado para resolver la controversia.

[10] Tratado Americano de Soluciones Pacíficas, Pacto de Bogotá, 1948, artículo XXXI.

c. *La denuncia*: Es la declaración unilateral de un Estado Parte de un tratado buscando la cesación de sus efectos.[11] La Convención de Viena de 1969 sobre el Derecho de los Tratados consagra la figura de la denuncia dentro de la Sección Tercera referente a la terminación de los tratados y la suspensión de su aplicación. Conforme a dicha Convención, una de las opciones para que se permita la denuncia es que exista una estipulación expresa de las partes del tratado en este sentido.[12] Este es el caso del Pacto de Bogotá que en su artículo 56 reconoce la posibilidad de denunciar el tratado mediante aviso anticipado de un año, transcurrido el cual cesarán los efectos para el denunciante. Esto es, acorde al artículo 56.2 de la Convención de Viena de 1969, en el que se establece el deber de la Parte de notificar con por lo menos doce meses de antelación su intención de denunciar el tratado; lo que a su vez genera la consecuencia establecida en el segundo párrafo del artículo 56 del Pacto de Bogotá: la denuncia no tendrá efectos sobre procedimientos pendientes.

Implicaciones de la denuncia del pacto de Bogotá frente a la Corte Internacional de Justicia

A partir de la conceptualización general hecha en el capítulo anterior, se procederá a estudiar las implicaciones jurídicas de la denuncia del Pacto de Bogotá por parte de Colombia. Este estudio se hará desde tres escenarios distintos que permiten dilucidar y comprender dichas implicaciones. El primero es frente al fallo de la Corte Internacional de Justicia del 19 de noviembre de 2012, en el diferendo marítimo y territorial entre Nicaragua y Colombia; el segundo es frente a casos futuros, esto es, que aún no han sido incoados ante la Corte Internacional de Justicia; el tercero, se refiere a casos en curso, es decir, aquellos que se iniciaron antes de la denuncia del Pacto, pero que no se han fallado hasta el momento.

a. *Frente al Fallo de la CIJ*. El 19 de noviembre de 2012, la Corte Internacional de Justicia emitió su decisión de fondo en el caso sometido

---

[11] Ver Monroy Cabra, *Derecho Internacional Público*, 5ª ed., Bogotá: Temis, p. 120.

[12] Ver artículo 56 de la Convención de Viena sobre el Derecho de los Tratados.

por Nicaragua contra Colombia en relación con el diferendo marítimo y territorial, que alegaba Nicaragua, existía entre ambos Estados. En la solicitud que hizo Nicaragua el 6 de diciembre de 2001, para instaurar procedimientos contra Colombia ante la CIJ, dicho país refiere como criterio de competencia el artículo 36.1 del Estatuto de la Corte, así como el artículo 36.2 del mismo instrumento.

En el primer caso se está hablando de una cláusula en un tratado que da competencia a la Corte para conocer de una disputa suscitada entre cualquiera de las partes del tratado. Esto se establece a voluntad de las partes que negocian el tratado y deciden incluir esa cláusula como una forma de solución pacífica de controversias, y de los Estados que ratifican o adhieren al tratado, aceptando dicha competencia de la Corte, salvo que hagan una reserva al respecto. Esto es lo que ocurre con el artículo XXXI del Pacto de Bogotá, invocado por Nicaragua como cláusula jurisdiccional.

En el segundo caso se está frente a la opción de "declaración unilateral", mediante la cual, también a voluntad de los Estados, deciden aceptar la competencia obligatoria de la CIJ en relación con cualquier otro Estado que haga la misma declaración,

> (...) sin (necesidad) de acuerdo especial (…) sobre "disputas jurídicas" relacionadas con: a. La interpretación de un tratado; b. Cualquier cuestión de derecho internacional; c. La existencia de todo hecho que, si fuere establecido, constituiría violación de una obligación internacional; d. La naturaleza o extensión de la reparación que ha de hacerse por el quebrantamiento de una obligación internacional.[13]

Esta declaración fue retirada por Colombia un día antes de la presentación de la solicitud por Nicaragua ante la CIJ.

Según lo anterior, si la declaración fue retirada y el Pacto de Bogotá denunciado, ¿puede afirmarse que la CIJ no tenía competencia para conocer de esta caso y, aún más, que el fallo quede sin efectos? Si bien uno de los criterios para determinar la competencia de la CIJ en este caso se basa en el artículo XXXI del Pacto de Bogotá, Pacto

---

[13] Estatuto de la Corte Internacional Justicia, artículo 36.2.

que fue denunciado por Colombia en noviembre de 2012, no puede afirmarse ni concluirse que por la denuncia, el fallo de la Corte queda sin efectos. Primero, porque el Pacto está refiriendo la competencia de la Corte para conocer de un caso, y para el momento en que Nicaragua interpuso la demanda (6 de diciembre de 2001) y en el que la Corte debía estudiar si tenía o no competencia,[14] el Pacto estaba vigente para ambas partes. (Colombia lo firmó el 30 de abril de 1948 y lo ratificó el 14 de octubre de 1968; el 27 de noviembre de 2012 lo denunció). Segundo, y en relación con lo anterior, porque para que los efectos de un tratado cesen para la parte denunciante, como ya lo referimos en relación con el artículo 56 del Pacto de Bogotá, debe pasar un año, que se cumplirá en noviembre de 2013. Y, finalmente, porque el incumplimiento o inaplicación de un fallo no es el alcance ni el propósito de la figura de la denuncia. Así, queda claro que el fallo de la CIJ —del 19 de noviembre de 2012— no se modifica, ni se afecta su cumplimiento o aplicación por la denuncia del Pacto de Bogotá por parte de Colombia.

b. *Frente a casos futuros*: Este escenario debe analizarse en relación con el momento en que se hace efectiva la denuncia del Pacto hecha por Colombia. Como ya se afirmó, el tratado que es denunciado cesará sus efectos para la parte denunciante un año después del anuncio de la denuncia. En esta medida, es válido afirmar que cualquier caso futuro (posterior al aviso de la denuncia y anterior al cumplimiento del año), que pretenda llevarse ante la CIJ, por o en contra de Colombia, alegando competencia en virtud del Pacto de Bogotá, en principio sería de competencia de la Corte.[15] En otras palabras, desde hoy, y hasta noviembre de 2013, Colombia puede demandar o ser demandada ante la CIJ en virtud del Pacto de Bogotá. (Unos

---

[14] Conforme al Estatuto de la Corte Internacional de Justicia, es suficiente con que se satisfaga un criterio de competencia. En este sentido, cumplido el criterio de la cláusula jurisdiccional del artículo XXXI del Pacto de Bogotá, no es necesario analizar la declaración unilateral para determinar la competencia.

[15] Por supuesto, para afirmar con certeza la competencia de la Corte debe estudiarse el caso específico y determinar el cumplimiento o no de los requisitos de competencia y admisibilidad dados por el Estatuto de la CIJ y por el Pacto de Bogotá, cuando se alega competencia en virtud de este último instrumento.

ejemplos cercanos de esta posibilidad serían, una demanda de Nicaragua contra Colombia al no permitirle el ejercicio de derechos económicos concedidos por la CIJ en su Zona Económica Exclusiva, o una demanda de Nicaragua encaminada a obtener reconocimiento de su plataforma continental extendida, o una demanda de Panamá en cuanto a límites con Colombia, que, a partir de la Sentencia Nicaragua contra Colombia, empezaron a ser estudiados por orden del Presidente panameño.)

No ocurre lo mismo en relación con casos que pretenda llevar Colombia o ser llevados contra Colombia alegando este Pacto, después de noviembre de 2013, por cuanto el Pacto ya no tendrá efectos para Colombia y, por ende, la CIJ no tendrá competencia respecto a este país con base en el Pacto. Esto no implica, sin embargo, que después de noviembre de 2013 ningún caso en el que sea parte Colombia vaya a llegar a la Corte Internacional de Justicia.

Como se enunció al principio, la Corte puede conocer de un caso a partir de cuatro criterios de competencia:

- Un acuerdo especial o compromiso que se concreta entre los Estados para someter de manera conjunta un conflicto ante la Corte; (art. 36.1 Estatuto de la Corte Internacional de Justicia - ECIJ).
- Una cláusula en un tratado por la cual las Partes del mismo aceptan de manera anticipada la competencia de la CIJ en relación con cualquier disputa que pueda surgir en el futuro sobre la aplicación o interpretación de ese tratado (con otro Estado Parte del mismo); (art. 36.1 ECIJ). Colombia es Estado Parte de varios tratados en los que se consagra este tipo de cláusulas; algunos de dichos tratados vigentes son: Convención de las Naciones Unidas contra el Tráfico Ilícito de Estupefacientes y Substancias Sicotrópicas de 1988 (art. 32.2); Convenio Internacional para la Represión de la Financiación del Terrorismo (art 24); Convención sobre la Prohibición del Empleo, Almacenamiento, Producción y Transferencia de Minas Antipersonal y sobre su Destrucción (art. 10); Convención sobre la Prevención y el Castigo de Delitos contra Personas Internacionalmente Protegidas, Inclusive los Agentes

Diplomáticos (art. 13); Convención de las Naciones Unidas contra la Delincuencia Organizada Transnacional (art. 35).[16]

- Una declaración unilateral, conocida como cláusula facultativa y consagrada en el artículo 36.2 del ECIJ, por medio de la cual los Estados Parte del ECIJ, reconocen la competencia de la CIJ como obligatoria, en relación con cualquier otro Estado que acepte la misma obligación. Estas declaraciones pueden ser limitadas por los Estados declarante en cuanto a su ámbito de aplicación temporal y material. En este último caso al hacer reservas o excluir cierta categoría de disputas. Como se refirió con anterioridad, esta cláusula facultativa, junto a la cláusula jurisdiccional, fue alegada por Nicaragua como sustento de la competencia de la Corte en el caso contra Colombia.
- *Forum Prorogatum*: se deriva del artículo 38.5 de las Reglas de la CIJ y consiste en que un Estado presenta una aplicación sobre un caso ante la Corte en relación con otro Estado frente al cual en principio la Corte no tiene competencia. Ante lo cual, este último Estado referido en la aplicación puede aceptar la competencia de la Corte frente al caso y límites de los alegatos formulados en la solicitud ante la CIJ.

Un ejemplo de aplicación del *forum prorogatum* es el caso *Djibouti v Francia*. El 9 de enero de 2006, la República de Djibouti, presentó una solicitud a la CIJ para instaurar procedimientos contra la República de Francia por un alegado incumplimiento de obligaciones internacionales derivadas del Tratado de Amistad y Cooperación de 1977 y de la Convención de Asistencia Mutua en materia penal de 1986, existentes entre ambos Estados. En dicha solicitud Djibouti sustentó la competencia de la CIJ en el artículo 38.5 de las Reglas de la Corte, "confiado de que la República de Francia, aceptará la competencia de la Corte para resolver la presente disputa".[17] El 25 de

---

[16] Algunas de estas Convenciones establecen el mecanismo de la Corte Internacional de Justicia como una facultad de los Estados o un recurso subsidiario después de acudir a otros mecanismos de solución pacífica de controversias.

[17] ICJ, Certain Questions of Mutual Assistance in Criminal Matters (Djibouti v. France); Judgment 4 June, 2008.

enero de 2006, el Ministro de Relaciones Exteriores de Francia, mediante carta dirigida a la Secretaría de la Corte, informó que Francia aceptaba la competencia de la Corte en relación con la solicitud hecha por Djibouti, pero solo y exclusivamente en los términos del artículo 38.5 de las Reglas y dentro de los límites de la solicitud hecha ante la Corte. Bajo este sustento, y en aplicación del referido artículo, la Corte declaró tener competencia frente a dicho caso.

Lo anterior implica que después de noviembre de 2013, la CIJ puede adquirir competencia frente a Colombia si este Estado llega a un acuerdo especial con otro Estado, si hace una declaración unilateral haciendo uso de la cláusula facultativa,[18] si en alguno de los tratados en los que es parte y existe una cláusula jurisdiccional de la CIJ se presenta una disputa sobre la aplicación o interpretación del tratado, o se ratifican más con dicha cláusula y, finalmente, si por vía del *fórum prorogatum* acepta la competencia de la Corte. Todas las opciones anteriores son válidas en cuanto a un caso llevado por Colombia o contra Colombia ante la Corte después de noviembre de 2013, pero no por vía del Pacto de Bogotá.

Siguiendo esta explicación, la pregunta que surge es ¿jurídicamente qué logró Colombia frente a la CIJ al retirarse del Pacto de Bogotá? Lo que logró es que a partir de noviembre de 2013, cuando se den los efectos de la denuncia del Pacto, ya no existirá esa cláusula general de competencia de la Corte frente a Colombia en relación con una controversia internacional que se presente con los demás Estados americanos que son Parte del Pacto de Bogotá y que verse sobre cualquier cuestión de Derecho Internacional. Se evitaría así lo que el señor Presidente de la República expresó como razón formal para denunciar el Pacto, que sería la fijación de límites de Colombia por parte de un tribunal en este caso específico, la Corte Internacional de Justicia. Por supuesto, esto podría haberse evitado si desde el momento de la firma del Pacto o ratificación, el Estado colombiano hubiera limitado mediante una reserva el alcance material del artículo XXXI del Pacto.

---

18 El 30 de octubre de 1937 Colombia hizo una declaración aceptando la competencia obligatoria de la Corte Internacional de Justicia conforme al artículo 36 del Estatuto de la Corte. El 5 de diciembre de 2001 la retiró.

c. *Frente a casos en curso*: En este momento hay un caso en curso ante la Corte Internacional de Justicia que involucra a Colombia. El 31 de marzo de 2008 Ecuador presentó una demanda contra Colombia ante la CIJ por los presuntos daños causados al Estado del Ecuador, a sus habitantes y al ambiente por las aspersiones con herbicidas químicos cerca de la frontera, en la frontera y a través de la frontera entre los dos Estados.

Para sustentar los daños referidos, Ecuador alega que desde el año 2000, dentro del componente contra narcóticos del Plan Colombia, se ha enfatizado en la erradicación de las plantaciones ilícitas de coca y amapola por medios químicos. En este contexto, Ecuador afirma que Colombia viene haciendo aspersiones aéreas de herbicidas de gran alcance, cuya composición química no ha sido revelada en su totalidad y cuyo impacto trasciende la frontera colombiana. Igualmente alega que en ocasiones, con el fin de realizar las aspersiones, aviones y helicópteros colombianos han usado el espacio aéreo ecuatoriano sin autorización. Según el Estado ecuatoriano, como consecuencia de dichas aspersiones, se han dañado cultivos lícitos necesarios para la subsistencia de la población ecuatoriana, la cual a su vez ha sufrido quemaduras, molestias en los ojos, sangrado intestinal y hasta la muerte. Como sustento de estas consecuencias en la salud, Ecuador presenta ante la Corte una lista de comunidades específicas que, alega, han sido afectadas por el herbicida desde octubre de 2000 hasta enero de 2007.

Aclara Ecuador que su demanda se dirige solo contra los métodos y locaciones de las operaciones colombianas para erradicar cultivos de coca y amapola, pero reafirma su oposición a la exportación y consumo de narcóticos ilegales. Finalmente, manifiesta que en distintas ocasiones ha intentado acercamientos y negociaciones con Colombia para poner fin a las aspersiones aéreas, y que todas han resultado ser infructuosas.[19]

Con base en lo anterior, Ecuador solicita a la Corte que ordene a Colombia y declare que:

---

[19] ICJ, Aerial Herbicide Spraying (Ecuador v. Colombia); Application Instituting Proceedings 31 March, 2008.

a. Colombia ha violado sus obligaciones bajo el derecho internacional al causar o permitir el depósito en territorio ecuatoriano de herbicidas tóxicos que han causado daño a la salud de las personas, a la propiedad y al ambiente;
b. Colombia debe indemnizar a Ecuador por cualquier pérdida o daño causado por sus actos internacionalmente ilícitos, esto es, el uso de herbicidas, incluyendo cuando se realiza por medio de aspersión aérea, y en particular:
   i) Muerte o daños a la salud de una o varias personas como consecuencia del uso de tales herbicidas; y
   ii) Cualquier pérdida o daño a la propiedad o al sustento o a los derechos humanos de esas personas; y
   iii) Daño ambiental o la reducción de los recursos naturales; y
   iv) Los costos de monitoreo para identificar y evaluar los riesgos futuros a la salud pública, a los derechos humanos y al ambiente como resultado del uso de herbicidas por parte de Colombia: y
   v) Cualquier otra pérdida o daño; y
c. Colombia deberá
   i) Respetar la soberanía e integridad territorial de Ecuador; e
   ii) Inmediatamente, tomar todos los pasos necesarios para prevenir, en cualquier parte de su territorio, el uso de cualquier herbicida tóxico de tal manera que pueda ser depositado en territorio ecuatoriano; y
   iii) Prohibir el uso, por aspersión aérea, de tales herbicidas en Ecuador, o en o cerca de cualquier parte de su frontera con Ecuador; (...).[20]

Ahora bien, dentro de dicha solicitud ante la CIJ para iniciar procedimientos contra Colombia, Ecuador sustenta la competencia de la Corte en dos cláusulas jurisdiccionales, la consagrada en el artículo XXXI del Pacto de Bogotá y la referida en el artículo 32 de la Convención de las Naciones Unidas contra el Tráfico Ilícito de Estupefacientes y Sustancias Sicotrópicas

[20] Ibídem. (Traducción no oficial).

de 1988.[21] Tanto Colombia como Ecuador son parte de ambos tratados. En cuanto al primero, Colombia lo ratificó en 1968 sin hacer ninguna reserva y Ecuador en 2008, haciendo reserva sobre el artículo 6.[22] En el segundo, la ratificación por parte de Colombia se da en 1994 haciendo reserva respecto al artículo 9,[23] y por parte de Ecuador, en 1990, sin reserva alguna.

El artículo XXXI del Pacto de Bogotá, consagra el procedimiento judicial ante la Corte Internacional de Justicia como mecanismo de solución pacífica de controversias, como se refirió en el capítulo anterior. El artículo 32 de la Convención refiere los distintos mecanismos de solución de controversias que surjan entre las Partes de la Convención, en relación con la aplicación o interpretación de la misma y dispone en el párrafo 2 que toda controversia que no haya sido resuelta por alguno de los mecanismos consagrados en el primer párrafo "será sometida, a petición de cualquiera de los Estados Partes en la controversia, a la decisión de la Corte Internacional de Justicia".[24]

Como ya se refirió, los efectos jurídicos de la denuncia solo se dan un año después del anuncio de la misma. Esto significa que a pesar de que Colombia haya denunciado el Pacto de Bogotá en noviembre de 2012, antes de que la Corte emita su fallo definitivo en el caso Ecuador contra Colombia, la competencia no se excluye pues en el momento en el que Ecuador presentó a la Corte la solicitud para iniciar el procedimiento contra Colombia, el Pacto se encontraba vigente para ambos Estados, y en el caso colombiano, seguirá surtiendo sus efectos hasta noviembre de 2013.

En esta medida y a modo de conclusión, hay que recordar que la exclusión de la competencia de la CIJ frente a Colombia en relación con el Pacto de Bogotá solo aplica para casos que se pretendan llevar ante la Corte

---

21 Para febrero de 2013 ya se ha surtido la etapa escrita en este caso, con la solicitud hecha por el Ecuador ante la CIJ y su memoria y, contramemoria de Colombia, así como réplica y dúplica, respectivamente. Sin embargo, la Corte no ha hecho públicos los alegatos escritos, lo cual por lo general ocurre al inicio de la etapa oral. Es por ello que en este artículo solo se hace referencia a la solicitud presentada por el Ecuador, la cual está disponible en: http://www.icj-cij.org/docket/files/138/14474.pdf.

22 El artículo VI del Pacto de Bogotá expresamente establece: "ARTÍCULO VI. Tampoco podrán aplicarse dichos procedimientos a los asuntos ya resueltos por arreglo de las partes, o por laudo arbitral, o por sentencia de un tribunal internacional, o que se hallen regidos por acuerdos o tratados en vigencia en la fecha de la celebración del presente Pacto".

23 El artículo 9 de la Convención refiere "otras formas de cooperación y capacitación".

24 Convención de las Naciones Unidas contra el Tráfico Ilícito de Estupefacientes y Sustancias Sicotrópicas de 1988, artículo 32.2.

con posterioridad a noviembre de 2013, no para casos incoados con anterioridad. Y, que aun cuando el Pacto de Bogotá haya sido denunciado por parte de Colombia, la CIJ podrá adquirir competencia en casos contra o por parte de Colombia por vías distintas al Pacto de Bogotá, como podría ocurrir en este caso de las "Aspersiones aéreas con herbicidas", por vía de la cláusula jurisdiccional del artículo 32.2 de la Convención de las Naciones Unidas contra el Tráfico Ilícito de Estupefacientes y Sustancias Sicotrópicas, en el caso hipotético en el que no aplicara la cláusula jurisdiccional del Pacto de Bogotá, por haber cesado sus efectos con ocasión de una denuncia, con anterioridad a la presentación de la demanda.

Implicaciones de la decisión de Colombia frente al derecho internacional y al sistema regional (Reflexión)

Por último, me referiré de manera somera y a modo de reflexión a las implicaciones jurídicas de la decisión de Colombia frente al Derecho Internacional y al Sistema Regional. Para esto, iniciaré refiriendo los posibles motivos de la decisión de la denuncia por parte del gobierno colombiano.

El hecho de que Colombia haya decidido denunciar un tratado obviamente va a tener ciertas consecuencias o connotaciones políticas en las que no pretendo detenerme por cuanto no es el enfoque de este artículo ni mi área de especialidad. En las que sí pretendo enfocarme es en las implicaciones jurídicas. Desde este punto de vista jurídico, además de las implicaciones referidas en el capítulo dos, las connotaciones están directamente relacionadas con el Derecho Internacional y con su fundamentación y existencia y, dentro de este contexto, de manera específica, con el tema de ser parte de sistemas regionales que se han conformado dentro del Sistema Internacional.

Colombia hace parte del Sistema Americano, continente en donde se constituyó en 1948 la Organización de Estados Americanos (OEA). Esta organización internacional de carácter regional, ha promovido la celebración de distintos tratados de Derecho Internacional y en respeto del mismo.

Un ejemplo de lo anterior es el tratado constitutivo de dicha organización, conocido como la Carta de la OEA; la cual, entre otros temas, contempla la figura de la solución pacífica de controversias internacionales como uno de sus fines. El artículo 2, que refiere los propósitos esenciales de la Organización, consagra como uno de ellos el "asegurar la solución pacífica de controversias que surjan entre los Estados miembros".[25] En el mismo sentido, el artículo 3 reconoce esta figura como uno de los principios afirmados por los Estados americanos. En el capítulo V, de la solución pacífica de controversias, se indican los procedimientos aplicables cuando se utilice uno de dichos mecanismos para solucionar una controversia existente entre los Estados Parte. Igualmente, en dicho capítulo, el artículo 27 refiere la necesidad de crear un tratado que regule los medios adecuados para resolver de manera pacífica las controversias, así como los procedimientos para su aplicación. Este artículo es el fundamento jurídico para la creación de tratados sobre solución pacífica de controversias dentro del Sistema Americano, como el Pacto de Bogotá.

Entonces, ¿qué implicaciones tiene la denuncia del Pacto de Bogotá, frente a estos Sistema Regional y al Universal que reconocen y plasman en fuentes formales del Derecho Internacional, como lo son los tratados, el principio de solución pacífica de controversias internacionales? Si bien las motivaciones y el mensaje transmitido con ocasión de la denuncia del Pacto por parte de Colombia podrían no ser tan acordes con el Derecho Internacional y, además, podrían leerse como una actitud reaccionaria frente a la disconformidad con la decisión tomada por la Corte Internacional de Justicia en el diferendo marítimo y territorial con Nicaragua, quedarse en esta discusión no ayuda a presentar una solución al panorama que se presenta y en el que nos encontramos.

Es entonces necesario despojarnos de apasionamientos que generan el riesgo de emitir juicios sin fundamento, para analizar a la luz de la realidad jurídica cuáles son las implicaciones frente al Sistema y al Derecho Internacional, de la denuncia del Pacto por parte de Colombia.

Al respecto, mi planteamiento va en dos sentidos, el primero es que Colombia en términos generales ha sido respetuosa del Derecho Internacional; el Estado colombiano reconoce este Derecho, interactúa y hace parte de la sociedad internacional tanto a nivel universal como regional, y debe mantener esta posición.[26]

---

[25] Carta de la Organización de Estados Americanos, artículo 2 literal c.

[26] El derecho internacional tiene su origen en la necesidad que encuentran principalmente los Estados en regular las relaciones que van surgiendo entre ellos y afectan a la comunidad internacional (ver Antonio Truyol y Serra, *Fundamentos del Derecho Internacional Público*, Madrid: Tecnos, 1977) Sobre esta base, los Estados deciden regular las distintas relaciones que surgen entre ellos a partir, por ejemplo, de tratados donde plasman sus posiciones respecto a puntos específicos; tratados respecto de los que voluntariamente deciden obligarse o no. Igualmente, propician escenarios para discutir los distintos

El segundo, es que no podemos olvidar que aunque el Derecho Internacional encontró como obstáculo para su desarrollo, la soberanía de los Estados, la realidad es que también buena parte del mismo se ha fundado en dicho concepto. Así, no es que se "entregue" la soberanía del Estado al aceptar la jurisdicción de un tribunal internacional, sino por el contrario, es a partir de una decisión soberana del Estado, que este admite la competencia y jurisdicción de una Corte Internacional; podría bien el Estado en virtud de la misma soberanía, no aceptar dicha jurisdicción ni competencia. Es con base en la soberanía, por ejemplo, que un Estado decide ser parte de un tratado y obligarse internacionalmente.[27] Gran parte del derecho internacional que conocemos y reconocemos hoy en día se funda en la voluntad de los Estados;[28] la voluntad propia de los Estados que los lleva a firmar tratados, a ratificarlos, pero también, en un momento dado, a denunciarlos, cuando, por ejemplo, llegan a ser contrarios a sus políticas y, entonces, de manera acorde a su soberanía y conforme a la posibilidad jurídica deciden retirarse de ellos.

Con esto quiero decir que denunciar un tratado no significa que el Estado deje de reconocer el Derecho Internacional, lo cual obviamente debe tomarse con matices según el tratado específico del que estemos hablando. De manera específica, en relación con la denuncia del Pacto de Bogotá, hay unas connotaciones que deben conocerse para pronunciarse en un sentido o en otro. Así, se debe tener en cuenta que es imposible negar la importancia de este pacto pues reconoce y permite la aplicación de algo esencial para el Derecho Internacional que está relacionado con sus bases y fundamento: el principio de solución pacífica de controversias.

---

temas que les interesa y afectan, convocando a conferencias internacionales que con el paso del tiempo darían origen a las organizaciones internacionales. (Sobre la fundamentación y existencia del derecho internacional ver Bynkershoek, Jellinek y Von Triepel en cuanto a teorías voluntaristas, y Kelsen, Duguit, Santo Tomás, Puffendorf, en cuanto a teorías antivoluntaristas).

[27] Por supuesto, dentro de los temas que permiten el ejercicio de la facultad y discrecionalidad de los Estados, pueden existir excepciones en las que se encuentre como fundamento de la decisión un sustento político o de coacción; fundamento que el Estado decida aceptar y, si es el caso, no incoar como un vicio del consentimiento generador de una nulidad del tratado. Pero el fundamento del derecho de los tratados parte de la voluntad de los Estados que, a partir de su soberanía, se manifiesta en un sentido u otro. Incluso una decisión política puede estar basada en la soberanía del Estado a decidir en tal sentido.

[28] No se está abogando aquí por una teoría exclusivamente voluntarista de los Estados. No es mi posición desconocer las teorías objetivistas como el *ius*naturalismo. Sin embargo, este no es el tema ni objetivo del artículo, por tanto no se abordará dicha discusión.

Sin embargo, se debe aclarar y, de esta manera entender, que Colombia al denunciarlo no está renunciando a la solución pacífica de controversias internacionales. Primero, porque sigue siendo Estado Parte de la Carta de la OEA en donde se consagra este principio y los mecanismos para implementarlo; segundo, porque igualmente sigue manteniendo el reconocimiento de la competencia de la CIJ como uno de los mecanismos (procedimiento judicial) reconocidos internacionalmente para solucionar de manera pacífica las controversias entre Estados; tercero, porque hace parte de la Carta de San Francisco, tratado constitutivo de la Organización de Naciones Unidas, en cuyo artículo 33 se establecen los mecanismos de solución pacífica de controversias internacionales reconocidos por el pacto; mecanismos que deben ser aplicados por los Estados miembros de la ONU, en donde se incluye Colombia y todos los demás Estados que son parte del Pacto de Bogotá.

Ahora bien, a nivel regional, no se puede negar, sin embargo, que la denuncia de Colombia sí es un golpe duro para el Sistema Americano, porque, como lo dijo el Secretario General de la OEA, lo que se busca es fortalecer estos mecanismos y legitimar el Tratado; entre más Estados sean Parte, más legitimidad tendrá y, entre menos sean parte o lo denuncien, más evidente será su desligitimación.[29]

Al respecto, si hacemos un estudio de la historia del Pacto de Bogotá, se puede concluir que los Estados a quienes va dirigido, que son los Estados miembros de la OEA, no necesariamente le han dado todo su apoyo, careciendo de fuerza y, afirman algunos, de eficacia. Esto se sostiene a partir del escaso número de ratificaciones, que en este momento, después de casi 64 años de entrar en vigor, corresponde a 14. En relación con este número hay que tener en cuenta el hecho de que el Tratado no es aplicable entre dos de los Estados que lo ratificaron, esto es Bolivia y Chile. Bolivia al ratificar el pacto hizo una reserva y, en el mismo año, el 15 de junio de 2011, Chile objetó la declaración boliviana manifestando que esa reserva impide que surja el tratado entre los dos Estados.[30]

---

[29] Declaración disponible en: http://www.elcolombiano.com/BancoConocimiento/D/denuncia_del_pacto_de_bogota_genera_polemica_internacional/denuncia_del_pacto_de_bogota_genera_polemica_internacional.asp

[30] Para acceder a la lista y el estado de ratificaciones y reservas del Pacto de Bogotá, ver: http://www.oas.org/juridico/spanish/firmas/a-42.html#2.

Además de lo anterior, sustenta la premisa referida los distintos intentos de modificar este pacto que se vienen proponiendo desde 1954. En 1984 el Comité Jurídico de la OEA adopta una resolución encaminada a estudiar la posibilidad de "promover, actualizar y ampliar" los procedimientos de solución pacífica de controversias previstas en la Carta de la OEA, que se corresponden al Pacto de Bogotá. Estos intentos de reforma están encaminados a fortalecer el pacto, pues para algunos Estados dentro del Sistema, el Pacto de Bogotá no se considera como un instrumento eficaz para el arreglo pacífico de las controversias. Así lo afirmó, por ejemplo, El Salvador, cuando en 1973 tomó la decisión de denunciar el pacto, momento en el que además manifestó su frustración por la búsqueda infructuosa de estructurar dicho instrumento.[31]

Por otro lado, un hecho que se suma a la percepción de debilidad o ineficacia del pacto, dentro de los mismos Estados que son parte del mismo, son las reservas que han dejado sin aplicación algunos de los procedimientos consagrados en este para solucionar de manera pacífica las controversias.

Con base en todo lo anterior, la pregunta que surge en este momento y la reflexión que quiero plasmar es si realmente la actitud de Colombia al denunciar el Pacto de Bogotá es contraria al Derecho Internacional y al Sistema Regional. Insisto, puede que la motivación y las razones políticas sí den ese mensaje, pero desde el punto de vista jurídico y según el contexto referido anteriormente, no se puede realmente concluir en ese sentido.

En conclusión, es mi parecer que la actitud que debemos asumir no es lamentarnos por la denuncia del Pacto; tampoco ovacionarla en un acto desesperado pero a veces desconocedor de patriotismo. Más bien deberíamos aprovechar la coyuntura para buscar fortalecer la forma en que se ha abordado por el Sistema Regional este necesario e importantísimo principio del Derecho Internacional, cual es la solución pacífica de controversias internacionales. Principio que en ningún momento los Estados deben poner en duda, como no lo hace Colombia según, no solo las declaraciones oficiales del Jefe de Estado en relación con la denuncia del pacto, sino también según las decisiones soberanas tomadas por Colombia al obligarse internacionalmente

---

[31] Para acceder a la comunicación del Ministro de Relaciones Exteriores del Salvador , mediante la cual anunciaba al Secretario General de la OEA la denuncia del Pacto, ver: http://www.oas.org/juridico/spanish/firmas/a-42.html#9.

por medio de tratados y de su membresía a organizaciones internacionales, tanto regionales como universales, que reconocen y consagran la necesidad de mantener aquel principio que funda y sustenta la sociedad internacional a partir de la posguerra de 1945.

Análisis de la posición jurídica de Colombia ante la Corte de La Haya*

Marco Gerardo Monroy Cabra

Se ha discutido en nuestro país, a raíz del fallo de 19 de noviembre de 2012 de la Corte de La Haya en el caso de la demanda interpuesta por Nicaragua contra Colombia respecto a la soberanía territorial y marítima respecto al archipiélago de San Andrés, la responsabilidad de los Gobiernos que intervinieron en el caso.

Para comprender el litigio hay que tener presente que existían dos conflictos: el territorial y el marítimo. En cuanto al primero, había una amplia doctrina que sostenía los derechos de Colombia como lo expusimos en la primera edición de este libro.

En relación con la delimitación marítima había dos teorías: que era delimitación marítima, y que no lo era. Este conflicto se planteó en 1969 cuando Colombia sostuvo que era delimitación marítima. Esta posición del Gobierno de Lleras Restrepo fue apoyada por todos los Gobiernos y fue llevada a la Corte Internacional de Justicia con anuencia de la Comisión Asesora. La Corte no aceptó esta tesis que era la única que podía sostener Colombia.

---

* Estos apartes forman parte integral de la obra *El referendo entre Colombia y Nicaragua sobre el Archipiélago de San Andrés y Providencia*, segunda edición, corregida y actualizada, de autoría del doctor Marco Gerardo Monroy Cabra, publicada bajo el sello editorial de la Academia Colombiana de Jurisprudencia, en febrero de 2013. Corresponden a los capítulos Undécimo y Duodécimo de la referida publicación (pp. 263-275). Agradecemos especialmente al Dr. Monroy por su gentil autorización para incluir estos apartes de su obra en la presente publicación.

Lo que nunca se pensó fue que la Corte hiciera una delimitación marítima difícil de aplicar, que crea problemas, que no sigue el precedente, y que era difícil de prever. Se debe observar que la Corte no aceptó la línea de delimitación propuesta por Colombia ni por Nicaragua, sino que realizó un línea provisional, pero que no fue ajustada conforme a la realidad geográfica, aplicó en forma demasiado flexible la equidad, y sin flexibilidad la proporcionalidad.

El ex canciller y agente del Gobierno de Colombia Julio Londoño Paredes reconoció en un artículo publicado en El Espectador el 30 de diciembre de 2012 que: "Algunos olvidan que en el caso con Nicaragua hubo una política de Estado durante 43 años que permitió que, no obstante las inconsistencias evidentes del fallo de 19 de Noviembre, haya sido ratificado la soberanía colombiana sobre todas las islas del Archipiélago y que se le reconocieran a este 140.000 Km cuadrados de espacios marítimos".

Explica que en el Gobierno de Lleras Restrepo en 1969 protestó respecto de concesiones petroleras otorgadas por Nicaragua al occidente del meridiano 82, sosteniendo que el meridiano era el límite marítimo entre los dos Estados. Luego el canciller López Michelsen le exigió a Estados Unidos la devolución de los cayos de Roncador, Serrana y Quitasueño. Luego, el tratado Vásquez Saccio se suscribió en 1972 bajo el Gobierno del Presidente Pastrana. El Presidente López Michelsen suscribió los tratados de delimitación marítima con Panamá, Costa Rica, República Dominicana y Haití. Bajo el Gobierno de Turbay Ayala se promulgó el Libro Blanco que escribió el canciller Diego Uribe Vargas rechazando la pretendida nulidad del Tratado Esguerra Bárcenas de 1928, entró en vigencia el Tratado de 1972, y se suscribió un acuerdo de Pesca con Jamaica. En el Gobierno de Belisario Betancur se firmó el tratado de delimitación marítima con Honduras. Durante el Gobierno de Barco se ejerció soberanía sobre el Archipiélago y se instalaron faros en Serranilla y Bajo Nuevo.

El Gobierno del Presidente Pastrana y su canciller Fernández de Soto, como lo recuerda el ex canciller Julio Londoño, previa consulta con la Comisión Asesora definió la estrategia jurídica que se siguió en el proceso que acaba de culminar. Si bien hubo discusión respecto al retiro de la jurisdicción de la Corte un día antes de la presentación de la demanda por Nicaragua, luego de una discusión se aceptó comparecer ante la Corte y presentar excepciones preliminares. Era tarde para denunciar el Pacto de Bogotá de 1948, y se corría el riesgo de que la Corte siguiera el proceso en ausencia con base en el Pacto de

Bogotá, lo que condujo a que adoptara una estrategia jurídica que fue conocida por la Comisión Asesora de Relaciones Exteriores. Si bien no hubo consenso sino una discusión que fue explicada en la primera edición de este libro, sin embargo fue una defensa con sólido fundamento en derecho internacional.

Por último, afirma el ex canciller Londoño que la estrategia jurídica fue conocida por los gobiernos de Uribe y de Santos así como por la Comisión Asesora de Relaciones Exteriores. Concluye el agente Londoño que: "No ha existido una política de Estado más coherente".

Por esta razón, hubo una política de Estado conocida y aceptada por todos los gobiernos, y si la sentencia de 19 de noviembre de 2012 fue en parte desfavorable para Colombia respecto de la delimitación marítima, ello no se debió a una defensa mal planteada. En efecto, las excepciones preliminares interpuestas tenían fundamento sólido en derecho internacional, y han debido culminar con la aceptación de falta de jurisdicción de la Corte Internacional de Justicia por no ser aplicable el Pacto de Bogotá de 1948, porque según el artículo VI no se aplica a tratados vigentes con anteriores como lo era el Tratado Esguerra Bárcenas de 1928, porque la jurisdicción de la Corte empezó el 1 de enero de 1932 y no cobija el Tratado de 1928, y porque se había retirado la aceptación de la jurisdicción obligatoria de la Corte Internacional de Justicia. Por otro lado, la posición respecto de la delimitación marítima en el sentido que el meridiano 82 constituía límite marítimo derivaba de la discusión misma en el Congreso de Nicaragua que se refirió a la división de aguas. Ahora bien, era sabido que era una tesis discutible y que existía la posibilidad de que la Corte adoptara la tesis contraría como en efecto sucedió.

En cuanto a la soberanía territorial la defensa de Colombia logró el reconocimiento de soberanía sobre el Archipiélago de San Andrés, Providencia, Santa Catalina, y los cayos adyacentes.

Respecto a la delimitación marítima la Corte no aceptó que el meridiano 82 fuera límite marítimo y esta era una posibilidad prevista desde un comienzo. Lo que no era previsible era la línea de delimitación trazada por la Corte ya que no tuvo en consideración las características del caso, las delimitaciones realizadas con Panamá, Costa Rica, y Jamaica creando superposición de aguas, creó un enclave que trae problemas en su aplicación práctica, no tuvo en consideración aspectos de medio ambiente, seguridad y narcotráfico, y dejó pendiente la delimitación de la plataforma continental extendida que alega Nicaragua a la luz de la Convención del Mar de 1982 que no ha sido ratificada por Colombia y que no puede considerarse como norma de derecho internacional consuetudinario.

Lo que procede ahora no es abrir un juicio de responsabilidades internas, sino buscar vías de solución como una negociación con Nicaragua, una solicitud de interpretación, aclaración, adición y complementación de la sentencia, pedir la inoponibilidad de la sentencia respecto de terceros estados, suscribir acuerdos de pesca, interponer recurso de revisión por hecho nuevo creado por la línea de delimitación delineada por la Corte y que no era previsible para las partes en litigio.

Por último, no consideramos jurídicamente aceptable negarse a cumplir la sentencia porque el Consejo de Seguridad de Naciones Unidas puede hacerla cumplir, sino ejercer los mecanismos previstos en el derecho internacional para solucionar un conflicto que por ahora impide la ejecución de la sentencia por circunstancias creadas por el mismo fallo. Por último, consideramos que es urgente una intervención de Colombia ante la Corte planteando los mecanismos que se adopten para evitar agravar la situación, o pactar un modus vivendi con Nicaragua para que los dos Estados esperen la decisión de la Corte en cuanto a los recursos qué se interpongan. Mientras tanto es posible que los dos Estados estén en la zona creando un mecanismo de consultas para evitar problemas.

Conclusiones

1. Mediante sentencia de 13 de diciembre de 2007 la Corte Internacional de Justicia resolvió que las islas de San Andrés, Providencia y Santa Catalina pertenecen a Colombia.
2. Mediante sentencia de 19 de noviembre de 2012 la Corte decidió que los Cayos de Serrana, Roncador, Quitasueno, Albuquerque, Bajo Nuevo, Serranilla, cayos este-oeste, pertenecen a la soberanía colombiana.
3. La Corte en sentencia de 19 de noviembre de 2012 efectuó la delimitación marítima entre Colombia y Nicaragua en la forma antes expuesta en capítulo anterior.
4. La delimitación marítima no logró aplicar en debida forma la equidad ni las circunstancias relevantes y los ajustes que hizo a la línea provisional no lograron aplicar la proporcionalidad en forma que

fuera aceptable para Colombia. Además, creó un enclave con los cayos de Serrana y Quitasueño, que puede crear dificultades para los pescadores de San Andrés que han vivido tradicionalmente de la pesca. Igualmente, omitió hacer referencia a medidas para la protección del medio ambiente, medidas de control para el narcotráfico, y la seguridad en la zona.

5. Todo lo anterior amerita una demanda de interpretación para que se adicione el fallo y aclaren los hechos antes mencionados. También existe la posibilidad de alegar un hecho nuevo por las omisiones y problemas que puede causar la delimitación marítima que fueron creados por la sentencia de la Corte.
6. Colombia denunció el Pacto de Bogotá o Tratado Americano de Soluciones Pacíficas, pero hay que dejar transcurrir un año de la fecha de la denuncia para que tenga efectos la denuncia.
7. La sentencia de la Corte se debe aceptar porque Colombia es respetuosa del derecho internacional. Colombia ha ratificado la Carta de Naciones Unidas y la Corte es un órgano de la ONU, y debe cumplir sus obligaciones de buena fe. Además, el Consejo de Seguridad hace cumplir la sentencia en caso de renuencia.
8. Es posible negociar un tratado con Nicaragua para hacer claridad sobre distintos aspectos que se van a presentar en la ejecución de la sentencia en lo relativo a la delimitación marítima. Esto es consecuencia de la línea de delimitación trazada por la Corte que puede ocasionar litigios entre los Estados con derecho a espacios marinos en el área objeto de la delimitación, así como la forma como pueden proceder los pescadores de San Andrés para continuar pescando en el área que quedó como zona económica exclusiva de Nicaragua. Además, hay que prever medidas para proteger la biosfera, no permitir la exploración para sacar petróleo de dicha zona, poner controles para evitar el envío de estupefacientes y control sobre la seguridad.
9. No es conveniente divulgar las Actas de la Comisión Asesora de Relaciones Exteriores porque su contenido puede perjudicar a Colombia en los recursos e instrumentos que elija para impugnar la sentencia de 19 de noviembre de 2012. Lo cierto es que la actuación de Colombia fue aceptada expresa o tácitamente por todos los Go-

biernos, y no hay sola resolución o escrito que rechace la actuación de la Cancillería, o de los asesores de los Gobiernos.

10. Consideramos que debiera existir unidad nacional en cuanto al procedimiento a seguir para defender los intereses de Colombia, ya que no es el momento de divisiones, o de incoar un juicio de responsabilidades cuando todo lo actuado ha constituido una política de Estado, sin que ningún Gobierno pueda exhibir pruebas de que haya rechazado la actuación de Colombia. La actuación internacional de Colombia se hizo de buena fe, y fue sustentada jurídicamente por abogados especialistas y con larga experiencia internacional. Si bien existían otras tesis que se podían adoptar como sostener que el meridiano 82 no era delimitación marítima, eran contrarias a los intereses nacionales y a la convicción de que sí era límite marítimo como se deducía del contexto de la discusión en el Congreso de Nicaragua. Además, no era predictible que la Corte fuera a trazar una línea de delimitación en la forma como lo hizo. En efecto, la Corte no tuvo en cuenta que como aparece en un Informe de la Armada Nacional la plataforma de Nicaragua en su sector Norte a partir de la latitud 13'36'N penetra en forma paralela al meridiano 82 hasta la latitud 24'19'N. La penetración de la plataforma al este del meridiano 82 tiene un máximo de tres millas náuticas y un mínimo de una milla. A partir de la latitud 14'19'N su penetración es mucho más acentuada en forma de lomo, extendiéndose hacia el noreste, con un máximo de 25 millas en el extremo norte. Los bancos, cayos e islas de origen volcánico entre los que sobresalen las islas de San Andrés, Providencia y Santa Catalina, que se levantan sobre la llanura abisal, están separados de la plataforma continental hasta 1000 metros y por las depresiones de Huitoto, Providencia y San Andrés donde alcanzan los 2400 metros de profundidad. Los expertos sostienen que la plataforma de Nicaragua penetra en la plataforma de Colombia en una parte, hay un abismo en otra parte, y en otra haya superposición de plataformas. Estas características no aparecen como fundamento de la delimitación, y si hubieran sido tenidas en consideración, hubieran dado lugar otra delimitación.

11. Consideramos que lo relativo a la delimitación de la plataforma continental extendida que alega Nicaragua no es costumbre interna-

cional ni en lo sustancial, ni en el procedimiento previsto en la Convención sobre el Derecho del Mar. Por esto, si Nicaragua instaura un nuevo juicio contra Colombia no puede invocar la Convención del Mar porque Colombia no la ha ratificado, ni tampoco puede probar la costumbre internacional ya que no hay práctica uniforme de los Estados, ni la intención de producir efectos jurídicos. Si bien la Corte desechó la demanda de Nicaragua por razones procedimentales, ha debido rechazar la pretensión porque no se probó la existencia de una costumbre internacional al respecto. Lo que constituye costumbre internacional es la noción de plataforma continental, pero no las 350 millas de plataforma continental extendida y por esto la Corte ha debido negar por esta razón la delimitación pedida y no por razones de procedimiento ya que la Convención sobre el Derecho del Mar no ha sido ratificada por Colombia. El proceder de la Corte nos expone a un nuevo proceso que Nicaragua estará pensando en iniciar y Colombia debe afrontar este nuevo litigio con todas las consecuencias que se pueden derivar del mismo.

12. La Corte ha debido declarar probada la excepción de falta de jurisdicción de la Corte para decidir la demanda de Nicaragua, como lo pidió Colombia con sólidos argumentos. En su lugar, resolvió la mitad del litigio de fondo al decidir las excepciones, y dejó la otra mitad para la sentencia de fondo, no siguiendo los precedentes en materia de excepciones preliminares.
13. La Corte ha debido considerar como una unidad el Archipiélago de San Andrés como se desprendía de la historia, de la geografía, de la tradición de los ocupantes de las islas, y en su lugar segregó las islas, y los cayos creando dificultades para la delimitación. Además, no tuvo en cuenta las dificultades y las consecuencias económicas que se derivaban del enclave de los islotes de Quitasueño y Serrana. Si bien se puede pactar un Acuerdo de Pesca con Nicaragua, hubiera sido mejor no establecer enclaves sino tener en cuenta las circunstancias de la zona y la existencia del meridiano 82 que si bien no consideró como frontera marítima, sí podía ser un factor determinante ya que forma parte del Tratado Esguerra-Bárcenas de 1928 que la Corte decidió que tenía plena validez.

14. Los anteriores argumentos permiten fundamentar la petición que se puede hacer ante la Corte de interpretación, aclaración, adición o complementación de la sentencia de 19 de noviembre de 2012, así como el recurso extraordinario de revisión ya que los hechos antes mencionados constituyen hechos nuevos ya que no fueron considerados por la Corte al decidir el conflicto. El fallo debía ser en derecho, y no en equidad ya que no se pidió expresamente como lo exige el artículo 38 del Estatuto de la Corte Internacional de Justicia. La Corte aplicó la equidad como proporcionalidad, pero no tuvo en cuenta los factores y circunstancias especiales que demandaban una delimitación que fuera aplicable sin problemas y sin crearlos. Esperamos que prontamente se haga la solicitud a la Corte.

Es nuestro deseo y nuestra esperanza en bien de la defensa de los altos intereses del Estado.

Política de fronteras, inserción global y el fallo de la CIJ. Lecciones para Colombia

Mauricio Jaramillo Jassir*

Resumen

El presente artículo pretende mostrar el contexto internacional en el que se inscribe la respuesta colombiana al fallo de noviembre 2012 proferido por la Corte Internacional de Justicia, con respecto a la delimitación marítima con Nicaragua. La idea central es proponer una lectura desde las relaciones internacionales, sin obviar la importancia del Derecho Internacional como marco de referencia de la problemática. El propósito del texto es una reflexión sobre las posibilidades políticas de Colombia frente al fallo. Dichas posibilidades dependen de su tradición y de su rol en el sistema internacional y de otros antecedentes de naciones o que han desafiado el orden internacional, o que han cooperado a cabalidad logrando una inserción exitosa. Para ello, el documento se divide en tres partes. En primer lugar, se analiza la posición colombiana en el sistema internacional como Estado periférico o en vías de desarrollo. En segundo lugar, se examinan otros casos de polémicas alrededor de fallos proferidos por instancias internacionales en disputas entre Estados. Finalmente, se estudia la política de fronteras del Estado colombiano frente a algunos territorios, especialmente con respecto a San Andrés y el Caribe.

* Internacionalista de la Universidad del Rosario. Magíster en Seguridad Internacional del Instituto de Estudios Políticos de Toulouse y en Geopolítica de la Universidad París VIII. Aspirante a doctorado en Ciencia Política de la Universidad de Ciencias Sociales de Toulouse. Profesor de carrera del Centro de Estudios Políticos e Internacionales de la Universidad del Rosario.

Abstract

This article aims to show the international context in which the Colombian response to the Judge of the International Court of Justice, November 2012, ruling the maritime delimitation with Nicaragua was proffered. The main idea throughout this chapter, keeping in mind the importance of international law as framework for this problematic, is to propose an approach from the perspective of the international relations' point of view. The purpose of this text is a reflection on the political possibilities Colombia has regarding its ruling. These possibilities are determined by Colombian tradition, by its role in the international system and by other nations that through history have challenged international order, or have fully cooperated and achieved a successful insertion. With all this in mind, this document is divided into three parts: In the first one, the Colombian position in the international system as a peripheral state or as a developing country is analyzed. The second part is focused in the study of other cases related to proffered international rulings on disputes between states. In the last part, Colombia's State border policy in the different territories, especially in San Andrés and the Caribbean, are studied.

Introducción

El fallo de la Corte Internacional de Justicia desató en el país una crisis política que ocasionó una polémica acerca de la postura exterior a asumir. En medio de lo que algunos analistas han denominado la peor pérdida territorial del siglo, surgió un debate que ha servido, entre otros, para reflexionar sobre la forma como Colombia debe preparar su inserción en el mundo.

Hasta esa fecha buena parte de los estudios e intereses, especialmente de la clase política, se basaban casi exclusivamente en las ventajas comerciales que se podían desprender de la apertura económica. Sin embargo, el análisis nacional sobre la forma de capitalizar la globalización e interactuar en un marco más político sigue estando en ciernes. En ese contexto, el fallo es una oportunidad inmejorable porque ha obligado a varios sectores a involucrarse, de manera incluso apasionada, en el tema de la política exterior. Esta realidad no es la constante en el debate colombiano en el que normalmente los temas internos tienden a marcar la pauta. Sin embargo, en los últimos años el interés por el ámbito internacional va en ascenso y la discusión que el fallo ha suscitado es una manifestación de dicha tendencia. Por ello, el ideal no es abandonar la reflexión a propósito de la sentencia, sino abordar el tema desde una perspectiva amplia para contribuir a la democratización de los temas internacionales: una tarea pendiente de la diplomacia colombiana que aún maneja con hermetismo algunos temas clave como el citado.

Teniendo en mente dicha circunstancia es prudente reflexionar sobre la forma en que Colombia debe asumir el fallo, más allá del dilema simplista entre el acatamiento o el desconocimiento del mismo. Precisamente, el presente texto ofrece un análisis de la forma en que el gobierno habría de abordar el tema del fallo que rebase la coyuntura marcada por un nacionalismo. Este fenómeno, que se basa en evaluaciones de la política exterior sin la suficiente perspectiva histórica, puede hacerle mucho daño a dos décadas de inserción internacional. De allí la importancia de un balance objetivo como el que se propone a continuación.

Colombia y su posición en el mundo como Estado periférico

Una de las ideas que da una pauta acerca de la conducta que Colombia podría asumir tiene que ver con su condición periférica. Esto quiere decir que se debe partir del hecho de que el país no tiene el peso internacional que, en contraste, representan Estados como Francia, Estados Unidos, el Reino Unido, China o Rusia. Aunque parezca una realidad evidente, es necesario iniciar la reflexión apelando a dicha imagen, porque es indispensable entender que el medio del que disponen las naciones como Colombia por excelencia para interactuar en el escenario global es el derecho internacional.

A diferencia de otros Estados poderosos que se pueden permitir un accionar basado en la fuerza y en la disuasión, Colombia tradicionalmente, al igual que la mayor parte de Estados latinoamericanos, ha apelado al derecho para su inserción y posterior proyección.

Por otra parte, se podría decir que existe una sociedad internacional estudiada desde el ángulo de las relaciones internacionales desde la Primera Guerra Mundial, lo cual ha derivado en que los grandes hitos de dicha disciplina estén ligados a dicha confrontación, a la Segunda Guerra Mundial, a la Guerra Fría y, como resulta evidente, a la globalización.

Durante buena parte de la Guerra Fría y aún en la globalización se ha pensado que el principal móvil de los Estados de la periferia para intervenir en asuntos internacionales es el pedido de un nuevo orden mundial. Como resultado de esta idea dos lugares comunes con respecto a dichos Estados hicieron carrera en las últimas décadas. De un lado, que estas naciones no eran importantes para la política internacional, por ende, ni siquiera las relaciones internacionales se ocuparon de estas en tanto que objeto de estudio. Tal crítica fue formulada por la profesora de la Universidad de Columbia Stephanie Neuman, quien lamentó que la disciplina centrara su alcance en la disputa Este-Oeste durante la Guerra Fría y que en los albores de la globalización no hubiese habido una revolución en materia de la disciplina para la inclusión del denominado *Tercer Mundo* (Neuman, 1998: 1). Tanto así que uno de sus textos más célebres se tituló "Teoría de relaciones internacionales y el Tercer Mundo: ¿Un oxímoron?" Esta idea de la poca relevancia de estos Estados, aunque estuvo presente en la Guerra Fría, fue cambiando poco a poco, y en los últimos años parece del todo rebatida.

El segundo lugar común rezaba que los Estados del Tercer Mundo, sin importar su condición, buscaban el cambio de las normas del sistema internacional en el llamado nuevo orden mundial. Es decir que dichas naciones en virtud de su poca o ninguna participación en los mecanismos que rigen el sistema internacional, o por la dependencia que tienen de los Estados desarrollados, buscan sin distingo refundar el orden global. Por ejemplo, en 1985, el prestigioso profesor de la Universidad de Stanford Stephen Krasner moldeaba dicho argumento argumentando un choque estructural entre las naciones del sur y las del norte (Ayoob y Matthew Zierler, 2005: 31).

No obstante, existe una contradicción flagrante en dicho argumento. A pesar de que algunas naciones, en un contexto muy concreto (en el marco de la Guerra Fría con la conformación del Movimiento de Países no Alineados) exigieron un nuevo orden, en la actualidad la gran mayoría de ellas promueven los principios del derecho internacional como derroteros de sus actuaciones internacionales. Tal como lo plantea Mohammed Ayoob: "Mientras los Estados del Tercer Mundo tienen un interés selectivo por modificar algunas reglas de la economía internacional, su compromiso central con los principios del sistema internacional —soberanía, no intervención, auto-ayuda, códigos diplomáticos— es fuerte" (Ayoob, 1995: 3). Es decir, apelan a las normas constitutivas de la vida internacional y no proclaman necesariamente un cambio estructural, sino que exigen el cumplimiento de dichas reglas por parte de las grandes potencias.

Esta realidad ha sido particularmente patente en América Latina, continente que se ha caracterizado por un estricto respecto de la legalidad internacional. Se debe recordar, en este sentido, que se trata de una región pacífica desde hace varias décadas, en especial si se le compara con otras regiones del mundo en vías de desarrollo como Asia y África. En estos dos últimos los conflictos inter e infra-estatales han proliferado desde la década de los ochenta, en contraste con una América Latina que superó en buena medida la conflictividad entre Estados. Una muestra univoca de este matiz fue el Tratado de Tlatelolco de 1969 que declaró a la región como libre de armas nucleares, mientras en otras regiones se daba comienzo a carreras armamentistas o a una proliferación nuclear, fenómeno evidente en el subcontinente indio y Medio Oriente.

De forma ininterrumpida, la mayoría de Estados latinoamericanos ha mantenido una postura legalista —pacifista que solo se ha relativizado por las tensiones entre Bolivia, Chile y Perú de un lado, y Ecuador y Perú, de otro—. No obstante, estos casos no reflejan la tendencia pacífica generalizada que contrasta con conflictos en otras zonas como los surgidos en los Balcanes Occidentales (Serbia, Bosnia-Herzegovina, Croacia y Kosovo), los Grandes Lagos (Burundi, Ruanda, La República Democrática del Congo y Uganda, entre otros) el noreste asiático (entre las dos Coreas, Japón y China) y en Oriente Medio (Israel, Hamas y Hezbollah).

A la luz de este contexto, es apenas natural que el mecanismo de inserción por excelencia de los Estados latinoamericanos haya sido precisamente el derecho, ya que garantiza una interacción efectiva y niveles de legitimidad internacional que para dichas nacionales son indispensables, ello como consecuencia de una interdependencia en ascenso.

Para ilustrar la importancia de esta legitimidad basta con observar algunos casos de naciones que han sido aisladas por la sociedad internacional, con efectos nocivos sobre su población. En cada uno de estos casos el nacionalismo instrumentalizado o bien por los medios de comunicación o por los políticos ha demostrado ser un ingrediente que agrava dicho ostracismo. Los casos más recientes podrían resumirse en el Irak de la década de los noventa que enfrentó fuertes sanciones económicas tramitadas por Naciones Unidas. De igual forma, el aislamiento que ha marcado a la República Popular Democrática de Corea (Corea del Norte) tuvo mucho que ver en el desabastecimiento y posteriores hambrunas que se volvieron patentes a mediados de los noventa. A su vez, el régimen birmano, a pesar de las pálidas reformas políticas del último tiempo, se ha visto obligado a buscar mayores niveles de inserción, luego de años de desconexión total y enfrentamientos con buena parte del globo, que ve en dicho régimen una muestra de anacronismo y autoritarismo injustificable.

Ahora bien, como resulta evidente, no se trata de comparar a los Estados latinoamericanos que puedan sufrir un aislamiento con esta serie de fenómenos. Se trata tan solo de subrayar la importancia que para las naciones tiene cooperar con el sistema y evitar discursos nacionalistas de autarquía que a la larga no son viables.

La pregunta que surge en cuanto al fallo de noviembre de 2012 sobre el mar territorial colombiano y nicaragüense es si resulta viable legal y políticamente para un Estado desconocerlo o no acatarlo. Una de las primeras figuras públicas en exigir la omisión del fallo fue el ex presidente Álvaro Uribe Vélez quien aseguró que: "[Colombia] no [podía] aceptar una sentencia que le ha desconocido un Ejercicio soberano, pacífico e ininterrumpido sobre 75.000 km de mar" (Agencia EFE, 2012). El senador Armando Benedetti incluso llegó a dirigirse la canciller María Ángela Holguín en los siguientes términos: "Canciller, deje el miedo y desconozca el fallo" (Torres, 2012).

Para justificar el rechazo al fallo, algunos políticos colombianos han sugerido que existen antecedentes de naciones que han desafiado o desconocido los fallos sin consecuencias negativas aparentes. Sin embargo, tal afirmación no tiene sustento en la realidad y surge tan solo de una lectura con propósitos demagógicos de la sentencia de la Corte. Para contraargumentar dicha postura se pueden revisar los siguientes casos emblemáticos al respecto.

Otros desacatos y la inviabilidad de la comparación con Colombia

En redes sociales circuló la idea de otros Estados que, desconociendo fallos de la CIJ, no se han visto sometidos a la presión internacional y han ganado el espacio al que no pudieron acceder por la vía legal.

Uno de los más citados fue el que enfrentó a Estados Unidos y Nicaragua acerca del fallo condenatorio contra el primero por la financiación de grupos armados al margen de la ley en el segundo. Esta es una de las decisiones más analizadas de la CIJ para afirmar que los Estados más poderosos desconocen en buena medida la realidad legal internacional. Ahora bien, aunque Washington desconoció la decisión, no es un caso comparable con el colombiano.

En primer lugar, se trataba de establecer, por ese entonces, la responsabilidad del gobierno de Estados Unidos en la guerra civil nicaragüense, pero no se trató de una delimitación, como sí ocurrió en el fallo de la CIJ de noviembre de 2012. Y, en segundo lugar, la posición de Washington frente al derecho internacional ha sido ambigua desde la segunda mitad del siglo XX.

Esta característica de la política exterior de EEUU hace el caso incomparable con el colombiano. Ciertamente, las intervenciones o intromisiones de Washington en Brasil, Grenada, Chile, República Dominicana y en general en América Central para contrarrestar un avance (real o supuesto) del comunismo, dan cuenta de una omisión deliberada de un principio constitutivo de la legalidad internacional como la no-injerencia.

En resumen, por su posición frente al derecho y por sus capacidades como potencia (armas nucleares, miembro permanente del Consejo de Seguridad de la ONU) Estados Unidos no puede ubicarse en el mismo plano de Colombia y aquellos que sugieren una comparación entre ambas posiciones incurren en un grueso error.

En cuanto a Israel y su desconocimiento de conceptos emitidos por la Corte, tampoco se puede equiparar con la posición que el gobierno colombiano pueda asumir frente al fallo de la Haya. Se llegó a hablar del concepto referente a la ilegalidad del muro que separa a Cisjordania del resto del territorio. Para efectos del análisis, se debe recordar que en 2004 la CIJ declaró como ilegal el muro en una "opinión consultiva" (Gómez, 2007: 164).

Al ser una "opinión", dicha decisión no tiene necesariamente un carácter vinculante. Pero lo más grave de quienes evocan el caso israelí es que desconocen la tradición de las autoridades de Tel Aviv por relativizar los compromisos en materia de Derecho Internacional Humanitario. Para nadie es un secreto que, por cuenta del muro, la vida de miles de palestinos se ve afectada: derechos elementales de los que deben ser titulares, no les son reconocidos.

En consecuencia, se debe aclarar que, aunque se trate de una opinión consultiva sin carácter vinculante, puede ser utilizada como un referente de violaciones a los derechos humanos, concretamente al de la locomoción, del que no goza una parte de la población palestina en Cisjordania y Gaza. Además de eso, y en aras de descartar cualquier comparación con Colombia, se podría afirmar que, de haber emitido la CIJ una opinión respecto del litigio con Nicaragua y no un fallo, las posibilidades de Colombia serían otras.

Otro caso de supuesto desacato evocado fue el fallo de 2002 que determinó los límites entre Nigeria y Camerún a propósito de la península de Bakassi que pasó a formar parte del segundo. En la década de los 80 y 90 se había presentado violencia entre las partes como consecuencia del litigio.

Por ende, y para ponerle freno a la situación, el gobierno de Yaundé decidió acudir a una instancia internacional para resolver la disputa con Abuja. Así, en 1994 ambos Estados aceptaron la jurisdicción de la CIJ. En 2002, la Corte decidió en una votación de 13 contra 3 que la Península pertenecía a Camerún (Ngang, 2007: 23). En un principio, y por obvias razones, los pescadores nigerianos y la opinión pública de ese país pidió desconocer el fallo, incluso el parlamento se opuso a su aplicación. Sin embargo, una negociación directa entre los presidentes Paul Biya (Camerún) y Olesegun Obasanjo (Nigeria) concluyó en una aplicación del mismo en 2008.

Claro está, se debe recodar que fue vital la presión ejercida desde 2002 por la comunidad internacional, especialmente por Francia, Estados Unidos y el Reino Unido. A su vez, la labor de buenos oficios de Kofi Annan allanó el camino para generar un ambiente de confianza entre las partes. Gracias a estas gestiones, en un primer momento, y cuando aún las tensiones eran patentes, se conformó una comisión mixta para llegar a acuerdos preliminares. Esto sucedió a finales de 2002 y se acordó básicamente lo siguiente (Ngang, 2007: 24):

- Una demarcación definitiva de la frontera.
- Retiro por parte de Nigeria de sus autoridades civiles y militares y la transferencia de dicha autoridad a Camerún.
- Una eventual desmilitarización de la frontera.
- La protección de los derechos humanos de la población afectada de la zona.
- La promoción de alianzas económicas binacionales.
- La reactivación de la Comisión del Lago Chad.[1]

Este retiro se completó en 2008 y se ha convertido en unos de los casos de gestión de crisis más connotados, por la forma como la cooperación internacional y binacional sirvió para superar décadas de conflicto entre Camerún y Nigeria.

---

[1] Esta comisión fue creada en 1964 con el fin de proteger el Lago Chad cuyas aguas comparten Camerún, Chad, Níger y Nigeria. Es prudente recodar en este punto que los mayores contribuyentes de la comisión han sido precisamente Nigeria y Camerún en su orden.

El caso debería servir para darle pautas el gobierno colombiano sobre las diferentes vías de cooperación con Nicaragua que garanticen el bienestar de los sanadresanos que eventualmente se vean afectados por el fallo de la CIJ, como sucedió en el caso africano. A su vez, la disputa entre Camerún y Nigeria muestra que los parámetros de enemistad entre dos naciones se pueden alterar y no son para nada inmodificables. En cualquier momento una postura puede convertir a un vecino en un enemigo acérrimo con costos y consecuencias negativas para ambos.

Finalmente, en algunas comparaciones de desacatos se mencionó la disputa por el Canal del Beagle entre Argentina y Chile. En este caso, se trató de un tribunal conformado por cinco jueces de la CIJ que debía decidir a qué nación pertenecían las islas Picton, Nueva y Lennox y las islas e islotes adyacentes. El fallo emitido por dicho tribunal en 1977 declaró que estas islas le pertenecían a Chile.

Como era de esperarse, el fallo fue mal recibido en Argentina y se dio una campaña desde los medios de comunicación para que Buenos Aires lo desconociera. Inicialmente, el gobierno argentino, que estaba en cabeza del militar Jorge Rafael Videla, manifestó que se atenderían los compromisos internacionales de acuerdo a la tradición de ese país (Escuela de Cultura de Paz). No obstante, la presión pública y de algunos militares en particular, de Emilio Massera, uno de los miembros de la junta que tenía el control del Ejecutivo, hicieron que el gobierno terminara por anunciar el desconocimiento del fallo.

La reacción del gobierno argentino estuvo a punto de provocar una guerra entre ambos, de no haber sido por la mediación de Juan Pablo II. Este designó al cardenal Antonio Samoré, quien facilitó la firma en 1984 del "Tratado de Paz y Amistad entre Chile y Argentina" que le puso fin a más de siete años de tensión binacional con efectos regionales (Moncayo, 2008: 8).

Las razones para no equiparar este caso con el colombiano son evidentes, pero sobresalen dos. En primer lugar, porque existía un conflicto geopolítico en el contexto de la Guerra Fría y el ánimo con el que Argentina desacató el fallo fue militarista. A la Junta Militar que se encontraba en el poder desde 1976 le urgía aumentar sus niveles de cohesión y popularidad, tras años de dura represión en el marco de la contención al comunismo que había derivado en la tortura y desaparición de miles de ciudadanos. Y, en ese mismo orden de ideas, se debe tomar en consideración que se trataba de dos dictaduras militares. ¿Parece equilibrado comparar esa postura con la de Colombia?, país que por décadas se ha orgullecido de su tradición civilista-democrática en contraste, con un continente azotado por gobiernos autoritarios (Jaramillo Jassir, 2012). Quienes abogan por desconocer el fallo lo hacen amparados en las mismas razones que lo hacían los militares argentinos a finales de los 70.

Y, en segundo lugar, el caso muestra la forma como este tipo de decisiones puede sellar la enemistad entre dos Estados y conducir a tensiones. Es muy poco probable que se produzca un enfrentamiento militar entre Colombia y Nicaragua. Pero, al margen de lo remota que sea dicha posibilidad, dichas crisis binacionales terminan por afectar directamente a los pobladores en las zonas de frontera, de allí la necesidad de manejar con prudencia las tensiones dentro del marco de los mecanismos de resolución pacífica de controversias.

Las fronteras y el Gran Caribe Colombiano: una deuda histórica estatal

Otro de los aspectos del fallo que ha pasado desapercibido por haber centrado el debate sobre el posible acatamiento o no, tiene que ver con la política de fronteras y de proyección internacional. Más allá del contenido jurídico del fallo, este puede derivar en una reflexión sobre la forma como desde el centro (en el caso colombiano, el trapecio andino donde se concentra la actividad política y económica) se asumen las dinámicas fronterizas.

Desde la década de los noventa, el tema de las fronteras ha sido una prioridad para los diferentes gobiernos. Por el contexto de la apertura económica las diferentes administraciones han visto en estas zonas una oportunidad para dinamizar la economía y aceitar el proceso de inserción regional.

A pesar de que se ha enfatizado en que Colombia perdería miles de kilómetros cuadrados por cuenta del fallo, se desconoce que, al no haber un límite fijado entre ambas naciones (salvo para San Andrés, Santa Catalina y Providencia), los cálculos que hablan de pérdidas están viciados. A su vez, error craso aquel de endilgar la responsabilidad a la CIJ por una conducta estatal que por años no se ha encargado de la inversión social en su periferia. A pesar del esfuerzo por hacer presencia en las fronteras, los efectos aún no cobran los efectos deseados.

Para ilustrar esta problemática es interesante ver la distribución espacial de la pobreza en el país y concretamente en aquellos municipios donde el rezago y la denominada "trampa de la pobreza" son fenómenos presentes. Según un estudio de Luis Armando Galvis y Adolfo Meisel Roca, del Centro de Estudios Económicos Regionales (CEER) del Banco de la República, la mayor parte de las regiones en Colombia que presentan dificultades para salir de la pobreza se encuentran en la periferia (Galvis y Meisel Roca, 2010: 26). El indicador utilizado para referirse a la pobreza la evalúa de una manera multidimensional, ya que se trata del índice de necesidades básicas insatisfechas (NBI).[2] Esto se aclara para hacer hincapié en el hecho de que se trata de cifras reveladoras acerca de la situación económica y social de la periferia.

Según el estudio, las zonas donde la trampa de pobreza se concentra son la Región Caribe, el Pacífico, la Orinoquia y la Amazonia. Dicho de otro modo, no solo la pobreza se concentra en estas zonas de frontera, sino que a su vez estas regiones enfrentan las mayores dificultades para superar el fenómeno. Asimismo, del total de municipios que afrontan rezagos ante la pobreza, un 63% está ubicado en las zonas de periferia (Galvis y Meisel Roca, 2010: 29).

En el caso concreto de San Andrés, el departamento presenta un NBI por encima del promedio nacional de aproximadamente el 40% (Observatorio del Caribe Colombiano - PNUD: 23). En cuanto a cobertura en educación básica, y comparándolo con otros departamentos del Caribe, tiene la tasa más baja y en educación media está por debajo del promedio nacional (Observatorio del Caribe Colombiano - PNUD: 29). En mortandad infantil la situación también es preocupante. Con una tasa de 16 por 1.000 nacidos vivos, se ubica por encima del promedio nacional que se estima en un 15,5.

Estas cifras dan una idea aproximada de la situación socio-económica que viven San Andrés y otras zonas periféricas en las que la presencia estatal no ha derivado en un aumento del nivel de vida. En la coyuntura del fallo se pretendió desconocer que estos datos son el resultado de décadas de centralismo, corrupción rampante y ausencia de control político para garantizar la inversión de recursos en aquellos departamentos donde más se necesitan.

En el país la idea de frontera sigue teniendo connotaciones negativas porque se parte del supuesto (falso o al menos rebatible) de que se trata de zonas de difícil colonización y cuya ausencia estatal ha sido capitalizada por los grupos armados al margen de la ley para la explotación de recursos. En cuanto a la historia, desde el centro estas regiones han adquirido un significado

---

2 El índice de necesidades básicas insatisfechas trata de evaluar las vivienda inadecuadas, con hacinamiento crítico, con servicios inadecuados, con alta dependencia económica y en las que niños en edad escolar no asisten al colegio (DANE, 2013).

en la medida en que puedan generar recursos, pero difícilmente han obtenido visibilidad por otras razones.

Por el contrario, el ideal apunta a que las zonas de frontera devengan en territorios de integración e inserción internacional, una apuesta ausente de las grandes decisiones de política exterior colombiana. Desde mediados de la década de los noventa, con la internacionalización del conflicto, este se ha convertido en el principal insumo de política exterior. En ese orden de ideas, los intentos por hacer visible a Colombia en la comunidad internacional tuvieron que ver con la forma en que se reconoció la existencia del conflicto y la ratificación del Protocolo II adicional a los Convenios de Ginebra en el gobierno de Ernesto Samper, pasando por la Diplomacia por la Paz durante la administración de Andrés Pastrana y luego con los esfuerzos por aislar a las FARC y ELN de espacio internacionales en la mandato de Uribe Vélez.

El interés por las fronteras desde ese entonces ha dependido casi que exclusivamente de la forma en que ellas faciliten la contención de la actividad armada ilegal. Es decir, ninguno de estos esfuerzos ha estado asociado a una política de fronteras y de proyección internacional. Las consecuencias son visibles hoy día con la moratoria sobre el pedido colombiano para ingresar al foro *Asian Pacific Economic Cooperation.* Una de las razones que ha dilatado el ingreso de Colombia ha sido precisamente la ausencia de una política de largo aliento frente al Pacífico. La infraestructura en dicha costa es aún insuficiente, los consensos nacionales sobre la forma de proyección al Pacífico tampoco son visibles y lo que es más grave: entre el común de la ciudadanía no ha existido un conocimiento acertado sobre lo que significa dicha vocación pacífica.

Algo similar se podría decir del sur colombiano, donde flagelos causados o exacerbados por la pobreza también han sido el común denominador. El caso de Cauca, Nariño y Putumayo es sintomático. En los municipios caucanos de Caloto, Toribío y Corinto la violencia en los últimos años ha cobrado una amplitud hasta hace algunos años inadvertida para el centro del país. Los ataques de la guerrilla de las FARC, ELN y algunas de las denominadas bandas criminales emergentes son frecuentes.

En dicho departamento la actividad minera, así como el monocultivo de caña han incrementado el conflicto, ayudados por las graves omisiones del Estado. Un informe de Fernanda Espinosa Moreno de la Corporación Nuevo Arco Iris sobre las causas de la violencia en el Cauca describía el siguiente panorama:

> En el Cauca existe una avanzada de la agroindustria de la caña que posee y explota el 70% del territorio fértil del Valle del Cauca, su vecino geográfico. Al territorio del Cauca, también lo cerca, la recién creada zona franca del Norte del departamento, la cual le da beneficios tributarios a más de 130 empresas transnacionales que se asentaron en esta región con la implementación de la ley Paez (Ley 218 de 1995). El recrudecimiento del conflicto armado coincide con la entrega a las más poderosas empresas transnacionales mineras, como la Anglo Gold Ashanti, Cerromatoso y Carboandes, más de 1.200 solicitudes de títulos de exploración minera en el departamento del Cauca, que podrían cubrir 1 millón 600 mil hectáreas, que configuran el 56% de su territorio. Hay concesiones mineras en los municipios caucanos de Almaguer, Bolívar, La Sierra, Suárez y Buenos Aires, en los cuales se han generado graves crisis ambientales, de desplazamientos de comunidades y violaciones a los derechos humanos, sociales, culturales y ambientales, que han generado desplazamiento de comunidades y crisis humanitarias en las zonas de impacto de las transnacionales mineras (Espinosa Moreno, 2012).

Con estos datos se puede observar que en el proyecto nacional colombiano no ha existido una política estatal de fronteras a largo plazo. A pesar de la reconocida importancia del Gran Caribe desde el gobierno de Alfonso López Michelsen, la proyección por la vía de las costas aún es un proceso en ciernes. Lo que es más grave, la pauperización de las condiciones económicas en otras fronteras muestran las consecuencias nefastas de no haber pensado en un proyecto de Estado nación con presencia y control sobre la totalidad del territorio colombiano.

A la luz de todo ello resulta sesgado pretender que los problemas en algunas zonas fronterizas colombianas, como en el caso de San Andrés, sean responsabilidad de un tribunal internacional. Dicho juicio refleja un provincianismo que le sigue haciendo daño al país y se refleja en algunas posiciones de política exterior.

Apuntes finales

Después de entender la posición colombiana en la estructura global como una nación en vías de desarrollo, cuya mejor opción de inserción es el respeto del derecho internacional, queda claro que es indispensable confirmar con actos concretos dicha vocación preconizada durante décadas.

No solo porque Colombia carezca de los atributos de poder propios de algunas potencias que desafían el orden legal internacional como Estados Unidos, China y Rusia, resulta improcedente desconocer el fallo y concentrar las discusiones sobre la responsabilidad del Estado en dicha decisión. Se trata, antes que nada, de corroborar la tradición democrática y legalista que Colombia ha preconizado a lo largo de su historia, especialmente desde la segunda mitad del siglo XX. Desde finales de los 50 el país ha gozado de un sistema político ajeno al golpismo militar tan presente en el resto de la región, con la excepción de Costa Rica y Venezuela.

Una conducta que desafíe de manera tan abierta una decisión emitida por una instancia internacional reconocida como legítima por buena parte de la comunidad internacional sentaría un precedente riesgoso para la estabilidad de la región y para los vínculos que unen a Colombia con vecinos con litigios aún vivos.

En los casos revisados donde se han producido desacatos a decisiones de instancias internacionales se pueden apreciar varios elementos: En primer lugar, el aislamiento que sufren quienes deciden ignorar determinadas sentencias, fallos u opiniones consultivas. La posición israelí frente a la opinión emitida por la CIJ sobre el muro y el desacato argentino frente al laudo arbitral de 1977 frente a un grupo de islas en disputa con Chile evidencian que contra dichas naciones pesó una condena moral que afectó seriamente su imagen. Es más, en el caso de Israel aún lo sigue haciendo.

Este tipo de posiciones debilita y compromete su credibilidad en el escenario internacional. Su participación en foros, regímenes e instituciones internacionales tiende a ser traumática. En virtud de ello, en 1984 Buenos Aires decidió rectificar y aceptar la decisión gracias a la mediación papal.

En cuanto a la actitud desafiante de Washington frente al tema de su incursión indebida en el conflicto nicaragüense, se debe decir que dicha acción se inserta en la lógica de la Guerra Fría. En dicho período de tiempo, las actuaciones de Estados Unidos en el continente fueron claras infracciones a principios del derecho internacional, concretamente a la no injerencia en asuntos internos. La participación directa e indirecta en los golpes de Estado contra Jacobo Arbenz en Guatemala, Joao Goulart en Brasil, Juan Bosch en República Dominicana, y Salvador Allende en Chile ponen de manifiesto una tendencia en política exterior antagónica con la tradición de legalidad que ha marcado al continente.

Estos casos contrastan con la forma como Camerún y Nigeria resolvieron una crisis a propósito del fallo de la CIJ sobre la Península de Bakassi, reconocida como camerunesa. El gobierno nigeriano se vio varias veces tentado a desconocer la decisión, por la presión interna, sobre todo del aparato legislativo. Empero, la presión internacional en cabeza de Francia, Estados Unidos y el Reino Unido, junto con la participación acertada del entonces secretario general de Naciones Unidas, Kofi Annan, convirtieron este hecho en una lección emblemática en cuanto a una delimitación pacífica y exitosa. El gobierno colombiano debe estudiar acciones conjuntas con Nicaragua y desistir de acciones legales, costosas y estériles frente al fallo emitido en noviembre de 2012 por la CIJ.

Por otra parte, no se debe identificar en el fallo el origen de las condiciones socio-económicas de buena parte de las fronteras colombianas. Un sector importante de la política colombiana ha reivindicado la necesidad de defender al departamento de San Andrés, ignorando que su problemática rebasa al citado fallo. Como se pudo observar con cifras, la mayor parte de la pobreza en Colombia está concentrada en regiones periféricas y fronterizas como el Caribe, el Pacífico, la Orinoquia y la Amazonia. Esto sugiere una condición estructural, por lo tanto, no se puede hallar en el fallo la causa de algunos problemas en San Andrés como la baja cobertura en escolaridad básica y media, la mortandad infantil y un alto índice de necesidades básicas insatisfechas. En esos datos no existe la retórica que acompaña el discurso de algunas figuras públicas que, desconociendo dinámicas sanandresanas, proponen irresponsablemente desacatar o identificar a la CIJ como la principal enemiga de la nación (De Vengoechea, 2012).

Por lo tanto, este fallo puede servir de oportunidad para una reflexión sobre la conducta exterior colombiana que debe, sin excepciones, respetar el derecho internacional. Las tradiciones de los Estados no pueden modificarse de manera abrupta y menos sin considerar las consecuencias que ello acarrea. Asimismo, la sentencia invita a una reflexión no solo dentro del Estado, sino en términos de ciudadanía sobre la importancia de vincular en las dinámicas nacionales a las regiones de fronteras donde se concentra la pobreza.

Haciendo de esta coyuntura un espacio de reflexión sobre el *deber ser* de la política exterior colombiana y su proyección por la vía de las regiones de frontera, se estaría capitalizando un momento ideal por el interés que sin distingo el fallo ha suscitado, lo que no suele ocurrir con el ámbito internacional.

Bibliografía

Agencia EFE. (20 de noviembre de 2012). *Noticias Caracol.* Recuperado el 5 de diciembre de 2012, de http://www.noticiascaracol.com/nacion/articulo-279694-alvaro-uribe-pide-no-acatar-el-fallo-de-la-haya

Ayoob, M. (1995). "Concepts and Definitions: Third World and Security". En M. Ayoob, *The Third World Security. State Making, Regional Conflict, and International System.* Londres: Lynne Rienners.

Ayoob, M. y Zierler, M. (2005). "The Unipolar Concept. The North and South Divide Trumps Transatlantic Differences". En *World Policy Journal*, 31-42.

DANE (2013). *Departamento Admnistrativo Nacional de Estadística.* Recuperado el 19 de enero de 2013, de http://www.dane.gov.co/index.php?option=com_content&view=article&id=231&Itemid=66

De Vengoechea, A. (29 de noviembre de 2012). "Colombia califica de 'enemiga' a la Corte Internacional de Justicia tras la pérdida de territorio". En *ABC*, http://www.abc.es/internacional/20121129/abci-colombia-califica-enemiga-corte-201211281829.html.

Escuela de Cultura de Paz (s.f.). *Chile y Argentina. Conflicto limítrofe* . Escuela de Cultura de Paz.

Espinosa Moreno, F. (14 de agosto de 2012). *Corporación Nuevo Arco Iris.* Recuperado el 25 de enero de 2013, de http://www.arcoiris.com.co/2012/07/las-razones-detras-del-conflicto-en-el-cauca/

Galvis, L. A. y Meisel Roca, A. (2010). *Persistencia de las desigualdades sociales en Colombia: Un análisis espacial.* Bogotá: Banco de la República.

Gómez, J. M. (2007). "La Corte Internacional de Justicia frente al conflicto palestino israelí". En *Revista de la Facultad de Derecho y Ciencias Políticas de la Universidad Pontificia Bolivariana*, 155-179.

Jaramillo Jassir, M. (22 de noviembre de 2012). "Comparaciones desafortunadas". En *El Espectador*, págs. http://www.elespectador.com/opinion/columna-388673-comparaciones-desafortunadas.

Moncayo, G. (2008). "La mediación papal en el conflicto de la zona autral". En *Consejo Argentino de Relaciones Internacionales*, http://www.cari.org.ar/pdf/mediacion-papal.pdf

Neuman, S. (1998). "International Relations Theory and the Third World: An Oxymoron?". En S. N. (ed.), *International Relations Theory and The Third World.* Nueva York: St. Martin's Press.

Ngang, K. (2007). "Understanting the Bakassi conflict. A showcase in conflict prevention in practice". En *European Peace University Research Papers*, de http://epu.ac.at/fileadmin/downloads/research/rp_0407.pdf

Observatorio del Caribe Colombiano - PNUD (s.f.). *El Caribe colombiano frente a los objetivos de desarrollo milenio.* PNUD.

Torres, G. (2012). "¿Y si se desacata el fallo de la CIJ...?". En *Revista Semana.*

Diferendo territorial y marítimo entre Nicaragua y Colombia: Once años de pleito

Ricardo Abello Galvis*

Introducción

El documento que se presenta en esta oportunidad tiene como objetivo dar a conocer a la comunidad académica una serie de siete artículos de mi autoría, escritos a lo largo del proceso que nos enfrentó con Nicaragua desde el 6 de diciembre del año 2001. Estos artículos fueron publicados, o enviados para publicación, a diferentes medios de comunicación, especialmente al periódico *El Espectador*, entre los años 2003 y 2013.

A partir del contenido de los escritos pretendo mostrar la evolución del proceso y cómo viví cada uno de los principales momentos de este diferendo que, desafortunadamente, solo tomó importancia para la gran mayoría de los colombianos cuando llegó a su fin y la Corte Internacional de Justicia -CIJ- le entregó la soberanía de unos 75.000 kilómetros cuadrados de espacios marítimos a Nicaragua, que hasta el 19 de noviembre de 2012 habíamos considerado como nuestros.

Para comprender el hilo y la pertinencia de los artículos incorporados en este escrito, es necesario destacar la fecha en que fueron publicados, esto

* Profesor Principal de Derecho Internacional Público de la Facultad de Derecho de la Universidad Colegio Mayor de Nuestra Señora del Rosario (Bogotá, Colombia); M/Phil en Derecho Internacional y Relaciones Internacionales del Instituto de Altos Estudios Internacionales de Ginebra – IUHEI; Estudiante del Doctorado en Ciencias Jurídicas de la Pontifica Universidad Javeriana; Director del *Anuario Colombiano de Derecho Internacional –ACDI*; Ex Presidente de la Academia Colombiana de Derecho Internacional - ACCOLDI. ricardo.abello@urosario.edu.co

en la medida que en ellos se advierten situaciones que iban a suceder y que se dijeron con anterioridad a las decisiones de la Corte. Esta es la razón por la que consideré necesario escribir una breve introducción a cada uno de ellos con un doble objetivo. El primero, ubicar al lector en el tiempo y, el segundo, poder resaltar que de acuerdo con la jurisprudencia de la CIJ, con la doctrina y con el derecho internacional, varias de las decisiones que nos tomaron por "sorpresa" eran previsibles.

Lo más extraño en la vivencia de todo este proceso es que quienes de una u otra forma criticamos algunas de las actuaciones realizadas durante el litigio volvimos a ser criticados por aquellas personas que solo se preocuparon por las islas, por sus espacios marítimos y por los isleños cuando los medios de comunicación estaban centrados en este revés jurídico que sufrimos todos los colombianos.

Espero que la presentación en un solo documento de los artículos escritos en diferentes momentos permita a los lectores tener mayor claridad sobre lo ocurrido a través de estos once largos años.

Artículo 1
El Espectador, 28 de septiembre de 2003[1]

Este artículo fue publicado justo después de que Colombia hubiera presentado el escrito en el que argumentaba que la CIJ no era competente para conocer del caso por dos razones. La primera, consistió en que considerando que el Pacto de Bogotá no tiene cláusula de retroactividad, la Corte no podía conocer de un diferendo que Colombia entendía resuelto desde 1928 cuando suscribió el Tratado Esguerra-Bárcenas con Nicaragua; la segunda, porque el día antes de que los nicaragüenses presentaran la demanda, es decir el 5 de diciembre del 2001, Colombia retiró la declaración de aceptación de la Corte.

Como tuve la oportunidad de manifestarlo en artículos posteriores, siempre consideré que ninguna de estas dos circunstancias podía constituir una falta de competencia de la Corte. Al respecto, en su decisión de diciembre de 2007 relativa a las excepciones preliminares, la Corte determinó que sí era competente, aunque aceptó parcialmente su falta de competencia, dándole la razón a Colombia, al considerar que efectivamente dicho tratado había resuelto el diferendo existente entre los dos Estados con relación a las islas de

---

1 *El Espectador*, 21 de septiembre, p. 21 A.

San Andrés, Providencia y Santa Catalina. Es decir que la Corte se ciñó de manera estricta al tenor literal del tratado al considerarlo un acuerdo entre los dos Estados en materia territorial. En consecuencia, sostuvo que seguía existiendo un diferendo en temas marítimos.

Otro de los aspectos relevantes de este artículo es el relativo a la mala elección de los abogados internacionales; no porque no tuvieran los conocimientos en derecho internacional, o que no fueran idóneos en el manejo de procesos ante la Corte. La crítica hacía referencia a la edad de los tres abogados que rondaban los 80 años. Sigo creyendo que, de los tres, al menos uno debió ser más joven. Esto en la medida que este tipo de proceso son largos. Esta fue sin duda la crítica más dolorosa en la medida que un mes antes de la lectura del fallo del 2007 murió Sir Watts, uno de los tres abogados.

Como consecuencia de lo anterior, hice referencia, a modo de ejemplo, a la forma como estaban conformados los equipos de Malasia y Singapur, caso que había comenzado por esos días en la Corte. En este había abogados más jóvenes y con la experiencia necesaria para adelantar un proceso ante esta jurisdicción. Curiosamente, los tres nuevos abogados que contrató Colombia para la segunda fase del proceso, el fondo del asunto, estuvieron liderando la defensa de los argumentos de los dos Estados parte en dicho proceso.[2]

Finalmente, quiero destacar que en este artículo se cuestionó el hecho de que se tuvieron veinte años para retirar la declaración de aceptación de la competencia de la Corte y, en general, para que la Corte no tuviera competencia para conocer del caso y esto no se hizo.

La actuación de Colombia frente a la demanda nicaragüense

Desde hace un tiempo he querido expresar mi opinión sobre el manejo que el Gobierno le está dando a la demanda que Nicaragua interpuso contra Colombia ante la Corte Internacional de Justicia. No lo había hecho por dos razones: la primera, porque siempre creí que Colombia rectificaría el camino en aras de la defensa del Derecho Internacional. Y la segunda, por considerar que se trata de una cuestión de Estado y que hay que ser cautos en el manejo

[2] James Crawford y Marcelo Kohen asesoraron a Malasia y Rodman Bundy con Singapur; Ver: *Soberanía sobre Pedra Branca / Pulau Batu Puteh, Middle Rocks y South Ledge (Malasia / Singapur), Fondo, CIJ Reports 2008*, p. 12. La traducción al Español de esta sentencia puede ser consultada en: *Anuario Colombiano de Derecho Internacional – ACDI*, vol. 2, 2009, pp. 175-291; así mismo en la página web: www.anuariocdi.org

del tema. Hoy en día Colombia ya presentó excepciones preliminares y por ende se puede hablar sobre parte del tema con mayor tranquilidad.

Se ha dicho que "Nicaragua quiere volver a la ley de la selva", que se trata de una "agresión nicaragüense", éstas y otras afirmaciones no le hacen ningún bien a la posición de Colombia ni al tradicional respeto que, se supone, hemos tenido del Derecho Internacional. Es más, al respecto la doctrina, la Carta de las Naciones Unidas, el Estatuto de la Corte Internacional de Justicia, el Pacto de Bogotá y por ende Colombia, al haber ratificado estos instrumentos, sostienen que acudir al sistema judicial internacional es un mecanismo de solución pacífica de controversias. Es decir que Nicaragua está en su legítimo derecho de acudir a estas instancias si considera que tiene un conflicto jurídico de carácter internacional. Otra cosa es que sus pretensiones pongan en duda la legitimidad del ejercicio soberano, que tiene Colombia, sobre el Archipiélago de San Andrés y Providencia. Al respecto estamos todos de acuerdo en que los títulos históricos de Colombia son lo suficientemente claros y fuertes en relación con estos derechos.

Además del lenguaje manejado, la actuación procesal de Colombia ha dejado mucho que desear. La Cancillería retiró la declaración de aceptación de la jurisdicción de la Corte horas antes de que Nicaragua presentara la demanda. Desde 1980 sabemos que Nicaragua nos va a demandar. ¿Por qué haber esperado hasta el último minuto para retirar la declaración de aceptación de la Corte? Acudir a este tipo de artimañas para evitar que la Corte Internacional de Justicia se pronuncie es desleal, viola los principios de buena fe y *pacta sunt servanda,* además de ser una muestra clara de la desidia con la que se ha venido manejando un tema tan delicado como el del Archipiélago de San Andrés. Si nuestros títulos son tan claros, como creo que lo son, ¿para qué acudir a estas argucias? Ganemos tiempo y, en derecho y franca lid, demostremos que Colombia tiene la razón.

Además, creo que el caso en La Haya debe llevarse bajo el estricto cumplimiento de dos principios. El primero, de respeto al rival ya que los abogados internacionales de Nicaragua (Brownlie y Pellet) son los mejores litigantes que hay en la actualidad ante la Corte Internacional de Justicia y los dos que, de lejos, han llevado más procesos ante dicha Corte y el segundo, que se amplíe el equipo de expertos y se incluya gente más joven. Los abogados de Colombia son del más alto nivel pero con un promedio de edad superior a los 70 años. Este es un proceso largo y sería prudente que la estrategia de defensa fuera conocida y pudiera ser adelantada y culminada por un mismo equipo en el largo plazo. Así mismo, sería importante que miraran quiénes y cómo están conformados los equipos del reciente caso presentado ante la Corte por Malasia y Singapur el 24 de julio pasado.

Colombia tiene todos los argumentos para ganar el caso, así es que adelantémoslo con claridad, transparencia y dignidad.

Artículo 2
Página web de El Espectador, 31 de enero de 2005[3]

Este artículo tuvo una gran relevancia en la historia crítica del proceso, en la medida en que advirtió, con dos años de anterioridad, el alcance de la decisión de la Corte sobre excepciones preliminares del año 2007.

En efecto, en el año 2005 se manifestaron tres puntos de la decisión de la CIJ. Estos puntos serían el comienzo de la argumentación de la Corte para determinar que una gran parte de los espacios marítimos que siempre habíamos considerado como nuestros, terminaría siendo de soberanía nicaragüense. Sobre los mencionados puntos determinó que:

1. Sí era competente para conocer del caso.
2. El tratado Esguerra-Bárcenas era un tratado en materia territorial y no marítima. En consecuencia sostuvo que el meridiano 82 no era la frontera marítima y que, en consecuencia, esta nunca se había delimitado entre los dos Estados, y que,
3. La soberanía sobre las islas recaía en Colombia de acuerdo con lo estipulado en el tratado Esguerra-Bárcenas.

Hoy en día, con posterioridad a la decisión sobre el fondo del año 2012, lo más triste es que el Gobierno nunca informó claramente a los colombianos que el meridiano 82 había dejado de ser la frontera. De los pocos medios de comunicación que informaron sobre el hecho de que Colombia había perdido las excepciones preliminares fue El Espectador en su Editorial del 20 de diciembre de 2007, el cual fue titulado "¿Un triunfo de la Diplomacia?".

---

[3] Posteriormente fue publicado en Abello Galvis, Ricardo (comp.); "Columnas al derecho", Universidad del Rosario y *El Espectador*, Bogotá, marzo de 2007, pp. 31-33.

El futuro de las pretensiones colombianas en el proceso iniciado por Nicaragua ante la Corte Internacional de Justicia

Como es bien sabido, el 6 de diciembre de 2001 Nicaragua interpuso ante la Corte Internacional de Justicia (CIJ) una demanda reclamando su soberanía sobre el Archipiélago de San Andrés, Providencia, Santa Catalina, Roncador y Quitasueño. Nicaragua, en su demanda, interpuso dos bases de competencia de acuerdo con lo estipulado en el artículo 36, numerales 1 y 2, del Estatuto de la Corte Internacional de Justicia. En efecto, la primera señala (sic) que la CIJ es competente para conocer de todos los casos que le sean sometidos por los Estados parte. Aquí se abren dos posibilidades: que haya un común acuerdo y suscriban un compromiso en el que someten el diferendo a la Corte, caso en el que el conflicto es anterior a la firma del acuerdo, o que haya un tratado en el que someten los conflictos futuros que surjan entre las partes a la Corte. La segunda base de competencia, señalada en el numeral 2 del artículo en mención, se presenta cuando los Estados han presentado una declaración de aceptación de la Corte.

En lo atinente al artículo 36.2 Colombia presentó la declaración de aceptación de la jurisdicción en la ciudad de Ginebra el 30 de octubre de 1937. Esta declaración se hizo para aceptar la jurisdicción de la Corte Permanente de Justicia Internacional (CPJI). Al respecto hay que aclarar dos puntos. El primero de ellos es que la aceptación hecha ante la CPJI siguió siendo válida ante la CIJ (artículo 36.5 del Estatuto de la CIJ), entidad que la sustituyó al terminar la Segunda Guerra Mundial. El segundo es que esta declaración fue hecha con carácter retroactivo al 6 de enero de 1932. En cuanto al 36.1, Colombia ratificó el Tratado de Solución de Pacífica de Controversias de 1948, más conocido como Pacto de Bogotá. Este tratado señala en su artículo XXXI que la CIJ puede conocer de los conflictos que surjan entre los Estados parte del tratado. *A priori* podríamos decir que la situación es sencilla y que la Corte es competente para conocer del caso, pero, analizando en detalle la situación, nos damos cuenta de que es supremamente compleja.

En efecto, Colombia, como estrategia de defensa, interpuso excepciones preliminares. Es decir, presentó ante la CIJ un memorial en el que sostiene que esta no es competente para conocer del caso. El fundamento radica en dos aspectos. El primero de ellos es que, al haber retirado la declaración de aceptación de la jurisdicción el 5 de diciembre de 2001, un día antes de la presentación de la demanda por parte de Nicaragua, la Corte habría dejado de ser competente para conocer los casos en los que el Estado colombiano pudiera encontrarse involucrado; el segundo consiste en que el Pacto de Bogotá no tiene cláusula de retroactividad. Es decir que, al haber sido suscrito en 1948, no puede ser utilizado para conocer de un conflicto que surgió con anterioridad a esa fecha y que fue resuelto en 1928, cuando se firmó el Tratado Esguerra-Bárcenas.

En el transcurso del año 2005 la CIJ deberá fijar la fecha en la que las partes deben presentar sus argumentos orales. A continuación, la Corte decidirá si es competente o no para conocer del caso. Al respecto, la Corte puede pronunciarse en varios sentidos, por ejemplo: 1) aceptar las pretensiones de Nicaragua, caso en el que el proceso seguirá su curso y se entrará a conocer sobre el fondo del asunto, es decir, quién tiene los títulos idóneos para el ejercicio de la soberanía en el archipiélago. 2) Para que Colombia se vea beneficiada en esta primera decisión se requiere que la Corte se pronuncie negando su competencia según los siguientes parámetros:

a. En lo relativo al artículo 36.1 deberá decir que no es competente para conocer del caso en virtud del Pacto de Bogotá, en la medida en que el conflicto es anterior a 1948 y que ya fue resuelto en un tratado, de acuerdo con lo señalado en el artículo VI del pacto en mención. En este caso, el artículo XXXIV del mismo tratado establece que la controversia se dará por terminada. Es decir que ratificará el meridiano 82 como frontera entre Colombia y Nicaragua dejando el archipiélago y los espacios marítimos allí contenidos bajo la soberanía exclusiva de Colombia.
b. En lo atinente al artículo 36.2 deberá señalar que 24 horas es un plazo razonable para retirar la declaración de aceptación de la CIJ. Si una de estas dos posibilidades es desfavorable para Colombia, el proceso seguirá su curso y entraremos en el análisis del fondo. Debo manifestar, como ya lo he hecho con anterioridad, que, aunque espero que prosperen las pretensiones de Colombia, soy muy escéptico al respecto y considero que la Corte se pronunciará diciendo que:

1. Sí es competente para conocer del caso, puesto que el conflicto aún existe en la medida en que el Esguerra-Bárcenas no es un tratado de fronteras. En este caso, se estaría garantizando, desde

el comienzo, la soberanía de Colombia sobre las islas, pero no la intangibilidad del meridiano 82 como frontera entre los dos Estados, y/o

2. Si es competente para conocer del caso, porque 24 horas transcurridas entre el momento que se retira la declaración de aceptación de la jurisdicción de la CIJ y el que se presenta la demanda no es un plazo razonable.

Ahora bien, es claro que Colombia tiene todos los argumentos jurídicos e históricos para ganar el pleito en La Haya y demostrar que Nicaragua no tiene ningún derecho sobre esos espacios territoriales y marítimos. Para terminar quiero mencionar que estas reflexiones son puramente hipotéticas ya que todos los documentos presentados por las partes ante la CIJ tienen un carácter reservado y en consecuencia solo tuvimos acceso a la demanda inicial en la que se determinan las bases de competencia y las pretensiones del demandante.

Artículo 3
Conferencia en el Congreso Anual del Colegio de Abogados Rosaristas, septiembre de 2008[4]

El texto que se presenta a continuación es una conferencia dictada en el Congreso anual del Colegio de Abogados Rosaristas. La sentencia sobre excepciones preliminares había sido proferida nueve meses antes.

En este escrito se relata la evolución del proceso y se hace referencia a la decisión de la Corte Internacional de Justicia del 8 de octubre de 2007 relativa al caso que enfrentó a Nicaragua con Honduras. Esta sentencia fue crucial en la medida en que fue en ella cuando la Corte comenzó a modificar las fronteras marítimas del Mar Caribe y a abrir espacios marítimos que le habían sido negados por sus vecinos a Nicaragua.

En esta decisión, la Corte dejó sin aplicabilidad el tratado Ramírez-López de delimitación marítima entre Colombia y Honduras. Esta frontera había sido acordada en el paralelo 15. Sin embargo, la Corte determinó que las aguas ubicadas al norte de este paralelo eran nicaragüenses y no hondureñas.

---

[4] En proceso de publicación.

Cuando se hace referencia al fondo del asunto, en el presente escrito, afirmé que Colombia debería insistir en que la frontera era el meridiano 82, independientemente de que la Corte hubiera dicho que este no era la frontera. En realidad la Corte dijo que el tratado Esguerra-Bárcenas no era un tratado de delimitación marítima, no que dicho meridiano no pudiera ser la frontera. A mi modo de ver, esta posición habría podido servir como estrategia de negociación en el proceso, es decir, debió ser utilizada como una carta de litigante.

Infortunadamente, Colombia presentó en el fondo del asunto una línea media perfectamente ajustada a uno de los mecanismos de delimitación marítima en derecho internacional; con esta posición Colombia perdió estratégicamente en el proceso en la medida que esta era su única carta ganadora.

Al final de este escrito el lector podrá encontrar una actualización de hechos que ocurrieron con posterioridad a la fecha de la conferencia. La intención era poner al día el documento en la medida en que el Colegio de Abogados Rosaristas proyectó hacer una publicación de las conferencias de dicho congreso, esta publicación aún no ha salido.

Para terminar mis comentarios al presente escrito, quiero resaltar el hecho de que en dicha conferencia me aventuré a dar una fecha de terminación del proceso, me equivoqué por unos meses.

Derecho internacional: Nuevos protagonistas, nuevo derecho

Cuando empecé a preparar esta conferencia, siguiendo el tema que me fue propuesto y que es el título con el que aparece mi presentación, me di cuenta de que los nuevos protagonistas del derecho internacional son tantos y tan variados que no los lograría condensar adecuadamente en el tiempo que me corresponde. Por esta razón, y por el hecho de encontrarnos en las puertas del Caribe, decidí enfocarme en la decisión que la Corte Internacional de Justicia tomó el pasado 13 de diciembre de 2007 en el diferendo que nos enfrenta con Nicaragua relativo a la frontera marítima entre los dos Estados. Por lo pronto, lo que la Corte determinó, en primer lugar, en el párrafo 115 del fallo es que el Tratado Esguerra-Bárcenas no es un tratado de fronteras,[5] en lo

[5] *Territorial and Maritime Dispute (Nicaragua v. Colombia), Preliminary Objections, Judgment, I.C.J. Reports 2007*, p. 83. Para. 115. Para la versión en Castellano ver: *Anuario Colombiano de Derecho Internacional - ACDI*, vol. 1, 2008. p. 245.

que, hasta este momento, le ha dado la razón a Nicaragua en ese punto; y en segundo lugar determinó que la soberanía sobre San Andrés, Providencia y Santa Catalina le corresponde a Colombia.

Antecedentes

El 6 de diciembre de 2001 Nicaragua presentó la demanda ante la Corte Internacional de Justicia; el día antes el gobierno colombiano retiró la declaración de aceptación de la competencia de la Corte. Una estrategia cuestionable, teniendo en cuenta que en el caso que enfrentó a Nicaragua con Estados Unidos, este último invocó el retiro de la competencia de la Corte. Esta sostuvo que un plazo de tres meses no era un plazo razonable.[6] En consecuencia, si tres días no era un plazo razonable difícilmente lo podrían ser veinticuatro horas.

Así mismo, ubicándonos en los inicios de los tribunales internacionales, es bien curioso que la declaración hecha por el Embajador Jesús María Yepes en 1937 aceptando la competencia de la Corte Permanente de Justicia Internacional –CPJI- se hiciera con carácter retroactivo al 6 de enero de 1932. Puede pensarse que para ese momento ya era claro que el Tratado Esguerra-Bárcenas quedaba excluido de la competencia de la Corte. Sin embargo, en el fondo lo que buscaba esta declaración era completar la que había hecho el Embajador A.J. Restrepo el 6 de enero de 1932, en la que no se estableció límite alguno a la competencia de la Corte. En este sentido, lo que se buscó fue establecer un punto de partida claro en el tiempo en cuanto a la aceptación de la competencia de la Corte.[7] Ahora bien, de acuerdo con el artículo 36.5 del Estatuto de la Corte Internacional de Justicia -CIJ- las declaraciones hechas ante la CPJI siguieron siendo válidas ante la CIJ.

Como consecuencia de lo anterior, vale la pena preguntarse si el Tratado Esguerra-Bárcenas es el conflicto o es la solución para así determinar la fecha crítica que debe tomar la CIJ para fijar si es competente o no para conocer el caso.

Ahora bien, para aumentar la complejidad de la demanda nicaragüense, nos encontramos con que, además de invocar la competencia bajo el artículo 36.2 del Estatuto, también invocó el Tratado Americano de Soluciones Pa-

---

6 *Military and Paramilitary Activities in and against Nicaragua (Nicaragua v. United States of America), Jurisdiction and Admissibility, Judgment,* en *I.C.J. Reports 1984,* p. 63.

7 *Collection of Texts Governing the Jurisdiction of the Court,* Series D. n° 6, 4ª ed., 1932. p. 54.

cíficas de 1948, más conocido como Pacto de Bogotá. Sin embargo, antes de analizar estos dos factores de competencia de la Corte miraremos cuáles son las bases de la competencia por las cuales los Estados pueden aceptar la competencia de la Corte de acuerdo con el artículo 36 del Estatuto de la Corte, que es el que determina las bases de competencia.

El artículo 36.1 del Estatuto señala dos formas. En primer lugar, los casos que las partes le sometan. En este punto específico es necesario tener en claro que el conflicto surgió con anterioridad, pero las partes no han logrado llegar a un acuerdo por vía diplomática y, en consecuencia, los Estados deciden llevar el caso frente a un tercero y se ponen de acuerdo para que este tercero sea la Corte Internacional de Justicia.

En segundo lugar, el 36.1 señala que hay tratados y convenciones vigentes que establecen la competencia de la Corte. Aquí es donde se enmarca el Pacto de Bogotá.

Con relación a la primera, en derecho internacional se conoce como la cláusula compromisoria. Es muy curioso porque tiene una visión temporal distinta con relación a lo que se conoce en derecho privado como cláusula compromisoria, correspondería más a los tratados y convenciones vigentes en la medida en que es un acuerdo que hacen las partes con anterioridad a que surja el conflicto; mientras que en derecho internacional corresponde a un acuerdo entre las partes cuando el conflicto ya ha surgido.

3- La tercera forma es la señalada en el 36.2 del Estatuto, donde las partes en forma unilateral aceptan la competencia de la Corte y esta es la que Colombia retiró el 5 de diciembre de 2001, como ya se mencionó. Aquí simplemente las partes le dan la competencia a la Corte y la pueden delimitar y redactar de la forma en que los Estados lo consideren conveniente, tal y como lo hizo el Embajador Jesús María Yepes al darle un carácter retroactivo al 6 de enero de 1932. En el mismo sentido, el gobierno español no acepta la competencia de la Corte de ningún Estado que no haya aceptado la competencia de la Corte por un lapso de doce meses al presentar la demanda contra el reino de España.[8] Como se pueden dar cuenta, hay plena flexibilidad en la redacción de estas declaraciones de aceptación de la competencia de la CIJ.

---

[8] Véase Corte Internacional de Justicia – CIJ, http://www.icj-cij.org/jurisdiction/index.php?p1=5&p2=1&p3=3&code=ES. (Recuperado el 11 de mayo de 2011).

4- Una cuarta forma es la que se conoce como *forum prorogatum* que corresponde a una aceptación tácita de la competencia de la Corte. Si un Estado demanda a otro y este contesta la demanda sobre el fondo del asunto, y no sobre las excepciones preliminares, habrá aceptado la competencia de la Corte. En el caso del *Estrecho de Corfú* la Corte aceptó que era competente con base en este principio. Recientemente, en el caso *Djibouti contra Francia,*[9] el primero, muy hábilmente, en la medida en la que Francia no reconoce la competencia de la Corte, le solicitó a Francia que aceptara la competencia para el caso en concreto. Como aceptaron la competencia, la Corte realizó un interesante análisis del *forum prorogatum.*[10]

Pacto de Bogotá

El Pacto de Bogotá, o Tratado Americano de Soluciones Pacíficas, es el instrumento que le otorga competencia a la Corte para resolver los conflictos entre los Estados parte. Este tratado se negoció y se abrió para firma en la Conferencia de Bogotá de 1948; la misma Conferencia en la que se negociaron y se abrieron para firma la Declaración Americana sobre Derechos del Hombre y la Carta de la Organización de Estados Americanos –OEA–.

Este tratado fue ratificado por Nicaragua y por Colombia y fue invocado en la demanda nicaragüense ante la Corte. En efecto, el artículo XXXI le otorga competencia a la CIJ. El artículo en mención señala:

> De conformidad con el inciso 2º del artículo 36 del Estatuto de la Corte Internacional de Justicia, las Altas Partes Contratantes declaran que reconocen respecto a cualquier otro Estado Americano como obligatoria *ipso facto*, sin necesidad de ningún convenio especial mientras esté vigente el presente Tratado, la jurisdicción de la expresada Corte en todas las controversias de orden jurídico que surjan entre ellas (...).

Podemos observar que se trata de una copia casi textual del artículo 36.2[11] del Estatuto de la Corte Internacional de Justicia. Sin embargo, esta forma de

---

[9] Decisión del mes de junio de 2008 (ver p. n° 10).

[10] *Certain Questions of Mutual Assistance in Criminal Matters (Djibouti v. France), Judgment*, en, *I.C.J. Reports 2008,* párrs. 60-64.

[11] El artículo 36.2 del Estatuto de la Corte Internacional de Justicia establece que "Los Estados partes en el presente Estatuto podrán declarar en cualquier momento que reconocen como obligatoria

aceptar la competencia de la Corte corresponde a lo señalado en el artículo 36.1 del Estatuto de la Corte Internacional de Justicia en la parte que dice "tratados y convenciones vigentes" por tratarse de un tratado autónomo y del que solo pueden ser parte aquellos Estados del Hemisferio Americano.

De acuerdo con lo anterior, vemos que la situación se complica ya que no se entiende la razón para retirar la declaración de aceptación de la competencia de la Corte cuando, a falta de una base de competencia, había dos. Sobre todo teniendo en cuenta que, *ratione temporis,* la Corte no era competente para conocer del diferendo si es que este era una consecuencia directa del tratado Esguerra-Bárcenas que, como ya lo dijimos, solo acepta la competencia de la Corte a partir del 6 de enero de 1932.

La estrategia de Colombia giró alrededor del artículo 6 del Pacto de Bogotá que establece que, cuando hay tratados o acuerdos en vigencia a la fecha de la celebración del Pacto de Bogotá, por el hecho de estar ya vigentes con anterioridad se excluye la aplicabilidad del Pacto.[12] Y, en consecuencia, de acuerdo con lo señalado en el artículo XXXIV del mismo instrumento en el que se señala que si la Corte se declara incompetente para conocer del caso en virtud del artículo VI se considerará terminada la controversia.[13]

Entonces, vemos cómo la estrategia de Colombia con relación a las excepciones preliminares buscaba excluir los dos documentos de la competencia de la Corte que debía determinar si el Esguerra-Bárcenas estaba vigente o no en 1948, como consecuencia de la presunta nulidad invocada por Nicaragua al afirmar que la negociación, suscripción y ratificación del tratado se había realizado sin la voluntad nicaragüense y violando su Constitución Política. Con esto sucedió algo bastante *sui generis* en las audiencias orales que se llevaron a cabo en el mes de junio de 2007 en la CIJ, el primer abogado de Nicaragua en hablar fue Alain Pellet, entre sus argumentos invocó la nulidad del Esguerra-Bárcenas argumentando, como siempre lo ha manifestado Nicaragua, que Estados Unidos estaba ocupando el territorio nicaragüense y

---

ipso facto y sin convenio especial, respecto a cualquier otro Estado que acepte la misma obligación, la jurisdicción de la Corte en todas las controversias de orden jurídico que versen (....)".

[12] Artículo VI. Tampoco podrán aplicarse dichos procedimientos a los asuntos ya resueltos por arreglo de las partes, o por laudo arbitral, o por sentencia de un tribunal internacional, o que se hallen regidos por acuerdos o tratados en vigencia en la fecha de la celebración del presente Pacto.

[13] Artículo XXXIV. Si la Corte se declarare incompetente para conocer de la controversia por los motivos señalados en los artículos V, VI y VII de este Tratado, se declarará terminada la controversia.

que no había voluntad de Nicaragua para negociar ni suscribir ni ratificar el tratado Esguerra-Bárcenas. Esta posición, discutible pero clara, fue neutralizada por el mismo equipo nicaragüense. En efecto, el segundo abogado en tomar la palabra fue el español Antonio Remiro Brotóns quien manifestó que el Congreso nicaragüense había tenido que pedir que se incluyera en el Acta de Canje lo relativo al meridiano 82. El mismo Estado nicaragüense estaba reconociendo que era el Congreso en pleno el que había tomado la decisión de que se incluyera esa frase en el Acta de Canje.[14] En consecuencia, la CIJ determinó que el tratado sí se encontraba vigente en 1948.[15]

Enfocándonos en el Mar Caribe, la Corte profirió dos fallos en el transcurso de 2007 relativos a este mar. El primero de ellos, el de la frontera marítima entre Nicaragua y Honduras del 8 de octubre y, el segundo, el de Nicaragua c. Colombia del 13 de diciembre relativo a las excepciones preliminares.

Caso Nicaragua c. Honduras[16]

En la decisión sobre la frontera entre Nicaragua y Honduras, la CIJ, la Corte decidió trazar la bisectriz para determinar la frontera marítima entre los dos Estados (ver anexo 1). Sin embargo, en lo relativo a los cayos la Corte decidió señalar las doce millas náuticas[17] para así poder trazar la frontera marítima entre los dos Estados (ver Anexo 2). Lo que es curioso de esta decisión es que la Corte decidió otorgarle a Honduras un espacio marítimo que hace parte de las doce millas náuticas de Bobel Cay, Port Royal Cay y South Cay que se encuentran al sur del paralelo 15, espacios que Honduras no había reclamado en el proceso (ver Anexo 2). Esto es preocupante para las pretensiones colombianas ahora que la CIJ determinó que sí es competente para conocer sobre el fondo del caso.

La Corte también determinó que, como la desembocadura del río Coco es bastante inestable por la cantidad de sedimentos que trae, no podría tomar

---

[14] *Territorial and Maritime Dispute (Nicaragua v. Colombia), Verbatim Record, Public sitting held on Tuesday 5 June 2007, at 10 a.m., at the Peace Palace*, I.C.J., 2007, p. 39, párrs. 31-34. En http://www.icj-cij.org/docket/files/124/13877.pdf (Revisado el 1 de septiembre de 2011).

[15] *Territorial and Maritime Dispute (Nicaragua v. Colombia), Preliminary Objections, Judgment*, en *I.C.J. Reports 2007*, p. 83. Para. 82 y 83. Para la versión en Castellano ver: *Anuario Colombiano de Derecho Internacional - ACDI*, vol. 1, 2008. p. 237.

[16] *Territorial and Maritime Dispute between Nicaragua and Honduras in the Caribbean Sea (Nicaragua v. Honduras)*, en *Judgment, I.C.J. Reports 2007*, p. 65.

[17] *Ibidem*. párr. 320.

un punto en la desembocadura del río para trazar la frontera. En ese sentido el punto de partida se encuentra a tres millas náuticas de la desembocadura del río (ver Anexo 3).

Ahora bien, el problema que la CIJ dejó pendiente es el de la frontera entre Colombia y Honduras, ello en la medida en que al este del meridiano 82 y al norte del paralelo 15, lo que la Armada Nacional denomina "La Zona Rosa", ya no son espacios marítimos hondureños sino nicaragüenses. En consecuencia, el tratado Ramírez-López de 1986 se encuentra en una situación compleja en la medida en que para Colombia se encuentra vigente pero Honduras no puede cumplirlo en la medida que ya no ejerce soberanía en esos espacios marítimos.

Caso Nicaragua c. Colombia

En este caso, la CIJ determinó en su fallo que el Esguerra-Bárcenas era un tratado que se encontraba vigente en 1948.[18] Con ello ratificó la soberanía Colombiana sobre las islas pero excluyó a las demás islas, islotes y cayos así como a Roncador, Quitasueño y Serrana. También determinó que "el Tratado de 1928 y el Acta de 1930 no efectuaron una delimitación general de la frontera ente Colombia y Nicaragua".[19]

La exclusión de Roncador, Quitasueño y Serrana se da en la medida en que el tratado Esguerra-Bárcenas los excluye porque estaban en conflicto entre Colombia y Estados Unidos. En este punto la posición nicaragüense al respecto es muy curiosa ya que en 1928 no invocaron la soberanía sobre esos islotes, cayos y elevaciones de bajamar, sino que reconocían que la soberanía era de otro Estado.[20] Que podía ser de Estados Unidos o de Colombia, no se sabía. Lo que sí se deduce con facilidad es que Nicaragua no pretendía ninguna reivindicación de soberanía sobre esos espacios. En consecuencia, es muy curioso que para 2001 sí estén pretendiendo el ejercicio soberano sobre esas islas, islotes y cayos que no habían invocado con anterioridad.

---

[18] *Territorial and Maritime Dispute (Nicaragua v. Colombia), Preliminary Objections, Judgment,* en *I.C.J. Reports 2007,* p. 83. párrs. 82 y 83. Para la versión en Castellano ver: *Anuario Colombiano de Derecho Internacional - ACDI,* vol. 1, 2008. p. 237.

[19] *Ibidem,* p. 83. párr. 120. Para la versión en Castellano ver: *Anuario Colombiano de Derecho Internacional - ACDI,* vol. 1, 2008. p. 246.

[20] Gaviria Liévano, Enrique; *Política Exterior Colombiana. Nuestro archipiélago de San Andrés y el Tratado con Nicaragua,* Bogotá: Universidad Externado de Colombia, t. I, 2001. pp. 365-367.

También determinó la CIJ que la declaración de aceptación de la competencia de la Corte (36.2 del Estatuto), la que fue retirada el día antes de la presentación de la demanda, no le iba a dar mayores derechos a ninguna de las partes con relación a la competencia de lo que se estaba solicitando en la demanda y, como la Corte determinó su competencia con base en el Pacto de Bogotá, que además es *lex specialis* entre las partes, decidió no analizar lo relativo al artículo 36.2.[21] Para aquellos que estudiamos estos temas es una lástima porque llevamos muchos años esperando que la Corte nos diga cuál es un plazo razonable para retirar una declaración de aceptación de la competencia de la Corte. Sin embargo, siempre ha evadido el tema y nunca ha contestado cuál es ese plazo, lo único que ha dicho por lo pronto es que tres días no es un plazo razonable,[22] como ya se mencionó, pero no ha dicho cuál sería ese plazo razonable. A nuestro modo de ver, cuando la declaración no señala un plazo de retiro de dicha aceptación, se debe acudir a interpretar la Convención de Viena sobre el Derecho de los Tratados de 1969 que señala que el plazo de denuncia de los tratados, cuando no se ha estipulado un plazo preciso, es de doce meses a partir del momento de la notificación de la intención de retirarse.[23]

El Fondo del asunto

En el mes de noviembre del 2008 Colombia presentó toda la documentación colombiana relativa al fondo del asunto. En la medida en que Nicaragua presentó su memoria en el año 2003, y de acuerdo con las reglas de procedimiento, Colombia presentó, dentro de los tres meses siguientes a la presentación de la documentación nicaragüense, las excepciones preliminares, esto interrumpió los términos para la presentación de los documentos de fondo. Una vez tomada la decisión sobre excepciones preliminares, la Corte deter-

---

[21] *Territorial and Maritime Dispute (Nicaragua v. Colombia), Preliminary Objections, Judgment*, en *I.C.J. Reports 2007*, p. 83. párr. 139. Para la versión en Castellano ver: *Anuario Colombiano de Derecho Internacional - ACDI*, vol. 1, 2008. p. 252.

[22] *Military and Paramilitary Activities in and against Nicaragua (Nicaragua v. United States of America), Jurisdiction and Admissibility, Judgment*, en *I.C.J. Reports 1984*, p. 392. párr. 63.

[23] Convención de Viena sobre el Derecho de los Tratados de 1969, Artículo 56.2. En el mismo sentido ver: Kolb, Robert; "La dénonciation avec effet immédiat de déclarations facultatives établissant la compétence de la Cour internationale de Justice", en: *Promoting Justice, Human Rights and Conflict Resolution Through International Law: Liber Amicorum Lucius Caflisch*, en Kohen, Marcelo (ed.), Martinus Nijhoff Publishers, 2007, pp. 883-884.

minó que la fecha para que Colombia presentara su contramemoria era el 14 de noviembre de 2008.

La posición colombiana en la contramemoria no es fácil. Debe argumentar su posición frente a todas las islas, islotes y cayos que no fueron excluidos del litigio en las excepciones preliminares y debe plantear una posición sobre el trazado de la frontera en la medida en que la Corte ya determinó que el meridiano 82 no es la frontera entre los dos Estados.

La posición de Colombia es compleja y no veo cómo hoy, después del fallo de excepciones preliminares en donde la Corte ya dijo que el Esguerra-Bárcenas no es un tratado de delimitación marítima, es claro que el meridiano 82 no es la frontera entre Colombia y Nicaragua.[24] Ahora bien, creería yo que, a *contrario sensu*, tampoco ha dicho que no lo es y en ese sentido, mientras no haya una decisión definitiva de la Corte, Colombia no solo puede, sino que debe, ejercer su soberanía hasta la zona rosa, la 82 con 15 (Meridiano 82 y el Paralelo 15). Tiene la obligación de ejercer el control, por ello debe ubicar los navíos, las corbetas y las fragatas donde considere que debe hacerlo, sin tener que hacerlo de común acuerdo con Managua, es decir que Colombia debe seguir ejerciendo su soberanía en esas aguas mientras la Corte no decida otra cosa.

La posición de Nicaragua es bastante fácil en la medida en que con cualquier decisión en donde se les entreguen espacios marítimos al este del meridiano 82 es una ganancia para ellos y una pérdida para Colombia. Sin embargo, una de sus posiciones es que se tome la línea media entre las islas y la costa colombiana. Esta es una posición muy complicada y que la Corte no puede aceptar bajo ninguna circunstancia. Entre otras porque estaría entrando a afectar derechos de terceros Estados como Costa Rica y Panamá.

Sin embargo, hay una posición que podría ser ventajosa para Colombia y que podría ser de buen recibo para la Corte y es que, en la contramemoria que debe presentar en noviembre, Colombia acepte que va a perder una parte de espacio marítimo en la zona rosa, es decir al norte donde se unen el meridiano 82 con el paralelo 15, y esos espacios los gane en la parte sur a la altura de la frontera con Costa Rica que termina al oeste del meridiano 82. Creería yo que es una propuesta interesante en la medida en que se balancea la frontera sobre

---

[24] *Territorial and Maritime Dispute (Nicaragua v. Colombia), Preliminary Objections, Judgment*, en *I.C.J. Reports 2007*, p. 83. párr. 120. Para la versión en Castellano ver: *Anuario Colombiano de Derecho Internacional - ACDI*, vol. 1, 2008. p. 246.

el meridiano 82 hacia el este a la altura del paralelo 15, e inclinarlo hacia el oeste, al sur, en el paralelo 11. Sin embargo, creo que la posición lógica debe ser la que el meridiano 82 es la frontera.

Creo yo que todo se va a mover en esos dos escenarios, donde el primer escenario es que el meridiano 82 es la frontera. En este sentido quiero recordar una frase que han dicho tanto Rafael Nieto Loaiza como Rafael Nieto Navia. Nieto Loaiza, en un artículo en Semana sostuvo que así como "Colombia aceptó en el Esguerra-Bárcenas que el archipiélago de San Andrés "no se extiende al occidente del meridano 82", lo hizo sobre la base lógica de que los derechos nicaragüenses tampoco se extendían al oriente"[25]. En el mismo sentido Colombia de buena fe defiende la posición en que la soberanía nicaragüense no va al este del meridiano 82. Es una posición absolutamente lógica y coherente, y creo que esa debe ser la posición principal de Colombia.

Una de las preguntas más comunes es ¿Cuánto va a durar el proceso? los plazos en la Corte son bastante largos entre otras porque son plazos acordados entre las partes. Colombia debe entregar en noviembre su contramemoria, creería yo que Nicaragua va a pedir un nuevo plazo para analizar su memoria frente a los nuevos hechos acaecidos en el proceso, como son el fallo de la Corte y la contramemoria presentada por Colombia. Esto seguirá alargando el proceso. En consecuencia, creo que, por bien que nos vaya, a finales de 2010 estaría saliendo la decisión final; sin embargo, lo más probable es que sea a mediados del 2012.

Por lo pronto Nicaragua sigue poniendo en su página web todos los documentos para otorgar las licitaciones, y contratos para la exploración y explotación de petróleo en el mar Caribe y hay varios puntos que están al este del meridiano 82. Ello porque Nicaragua considera que con el fallo sobre excepciones preliminares ya la Corte determinó que esos espacios no eran de soberanía colombiana y en consecuencia ellos consideran que son espacios nicaragüenses. Esto es una posición absolutamente equivocada de Nicaragua ya que la Corte aún no ha determinado cuáles son los espacios marítimos de cada uno y en ese sentido seguirá manteniendo el *status quo* hasta que haya una decisión de fondo. En este sentido tenemos que seguir vigilando nuestros espacios marítimos y ubicando nuestras fragatas, corbetas y navíos hasta el meridiano 82 y hasta el paralelo 15.

---

[25] Rafael Nieto Loaiza; "La defensa del Archipiélago"; *Revista Semana,* 15 de diciembre, 2007.

Muchas gracias

PD: En la medida en que esta publicación se está realizando a finales del año 2011, y que muchos hechos han ocurrido desde la presentación de esta conferencia, me permito hacer un breve recuento de lo que ha sucedido en el proceso desde dicha fecha.

En primer lugar, como ya se mencionó en el cuerpo de la presentación (modificando los tiempos verbales de hechos que no habían ocurrido), Colombia presentó ante la Corte la respuesta a la demanda de Nicaragua. El plazo se fijó para el 11 de noviembre del 2008.[26]

En virtud del tiempo transcurrido desde la presentación por parte de Nicaragua de la demanda, la Corte aceptó la solicitud de presenta una réplica por parte de Nicaragua y una dúplica por parte de Colombia. La primera fue presentada el 18 de septiembre de 2009 y la segunda el 18 de junio de 2010.[27]

El 25 de febrero de 2010 Costa Rica interpuso ante la Corte una solicitud de intervención de acuerdo con el artículo 62 del Estatuto de la Corte. Esta solicitud fue negada mediante decisión del 4 de mayo del 2011.[28]

El 10 de junio de 2010 Honduras interpuso ante la Corte una solicitud de intervención de acuerdo con el artículo 62 del Estatuto de la Corte. Lo curioso de la solicitud hondureña es que solicitó intervenir como parte en el proceso, en su defecto solo como tercero interviniente. Esta solicitud fue negada mediante decisión del 4 de mayo del 2011.[29] Creemos que el objetivo buscado por Honduras era "mitigar" el alcance de la decisión de la Corte en el caso que los enfrentó con Nicaragua.[30]

Finalmente, consideramos pertinente señalar las pretensiones nicaragüenses y colombianas con relación a la frontera marítima que quedaron evidenciadas en los mapas que acompañan las decisiones del 4 de mayo de 2011.

---

[26] *Territorial and Maritime Dispute (Nicaragua v. Colombia), Order of 11 February 2008*. En *I.C.J. Reports 2008*, p. 3.

[27] *Différend territorial et maritime (Nicaragua c. Colombie), ordonnance du 18 décembre 2008, C.I.J. Recueil 2008*, p. 645.

[28] *Territorial and Maritime Dispute (Nicaragua v. Colombia), Application by Costa Rica for permission to intervene, Judgment of 4 May 2011*. En http://www.icj-cij.org/docket/files/124/16483.pdf (Recuperado el 1 de septiembre de 2011).

[29] *Ibidem*.

[30] *Territorial and Maritime Dispute between Nicaragua and Honduras in the Caribbean Sea (Nicaragua v. Honduras), Judgment*. En *I.C.J. Reports 2007*, p. 65.

En estas queda claro que Nicaragua pretende que la Corte determine que la frontera se encuentre a mitad de camino entre San Andrés y Cartagena (Ver Anexo 4). Pretensión que creemos que la Corte no aceptará.

En cuanto a las pretensiones colombianas, quedó plasmado, como se dijo durante la conferencia, que se está buscando que la frontera sur quede al oeste del meridiano 82.

De acuerdo con lo anterior, creemos que para el año 2012 estará saliendo la decisión final de este caso y muy seguramente Colombia perderá espacios marítimos en el norte del meridiano 82.

Anexos

Anexo 1

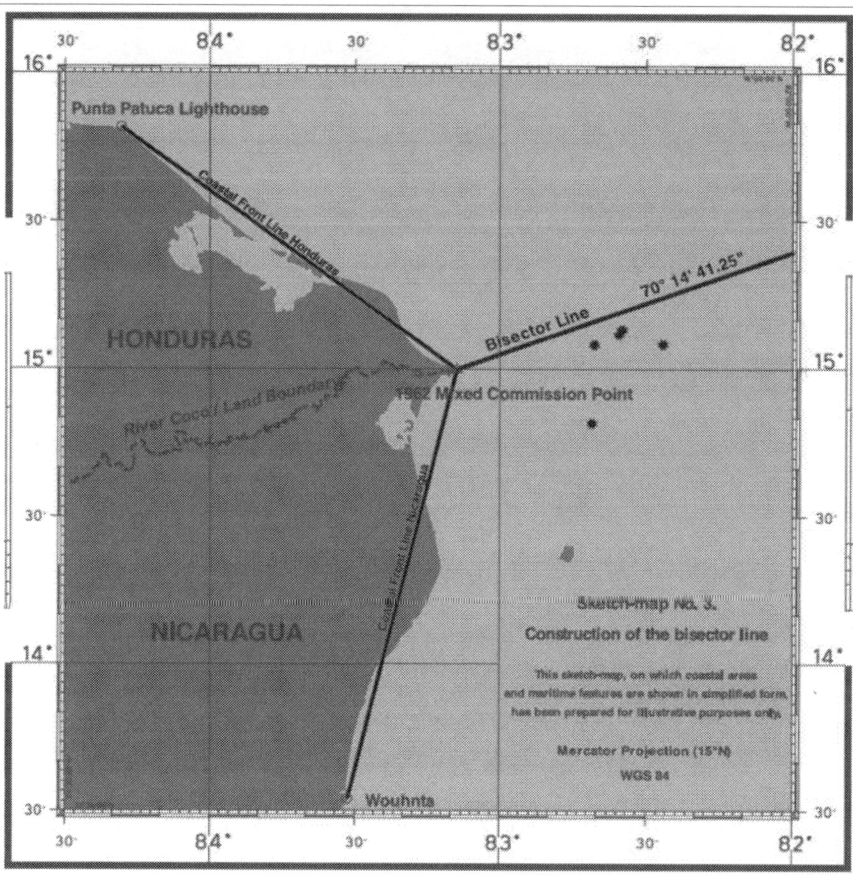

Fuente: *Territorial and Maritime Dispute between Nicaragua and Honduras in the Caribbean Sea (Nicaragua v. Honduras), Judgment*, I.C.J. Reports 2007.

Anexo 2

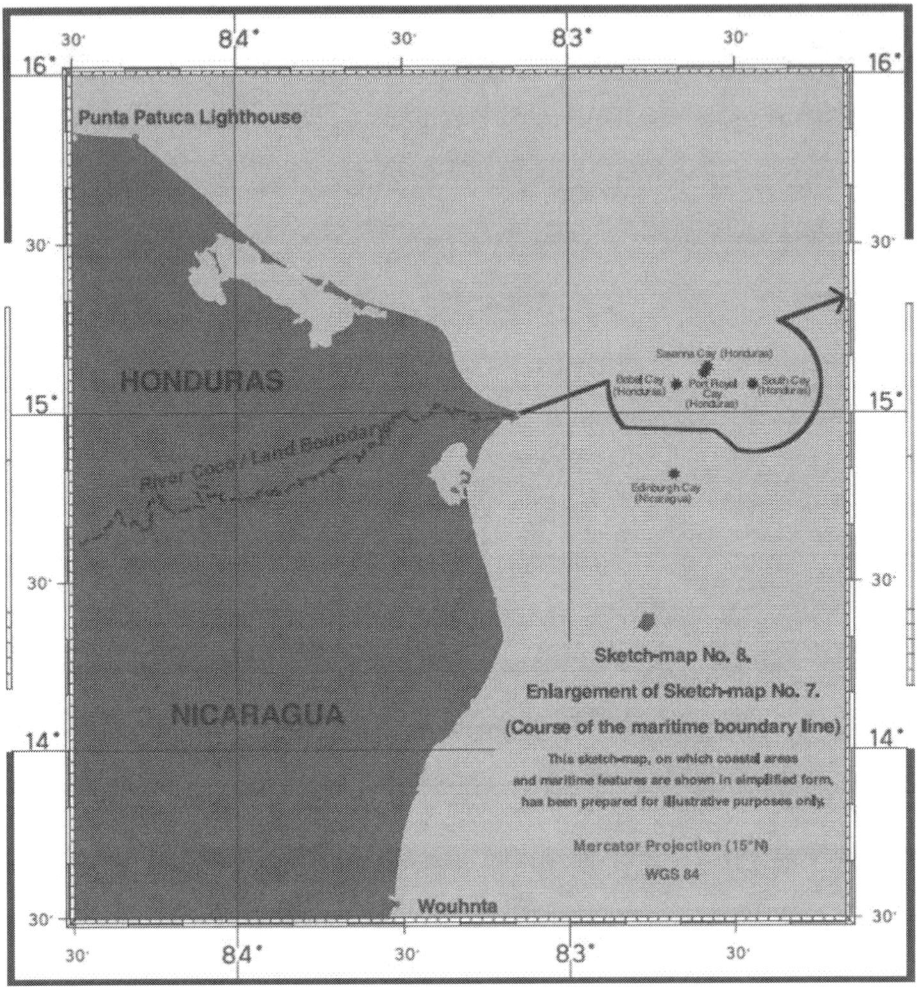

Fuente: *Territorial and Maritime Dispute between Nicaragua and Honduras in the Caribbean Sea (Nicaragua v. Honduras), Judgment*, I.C.J. Reports 2007.

Anexo 3

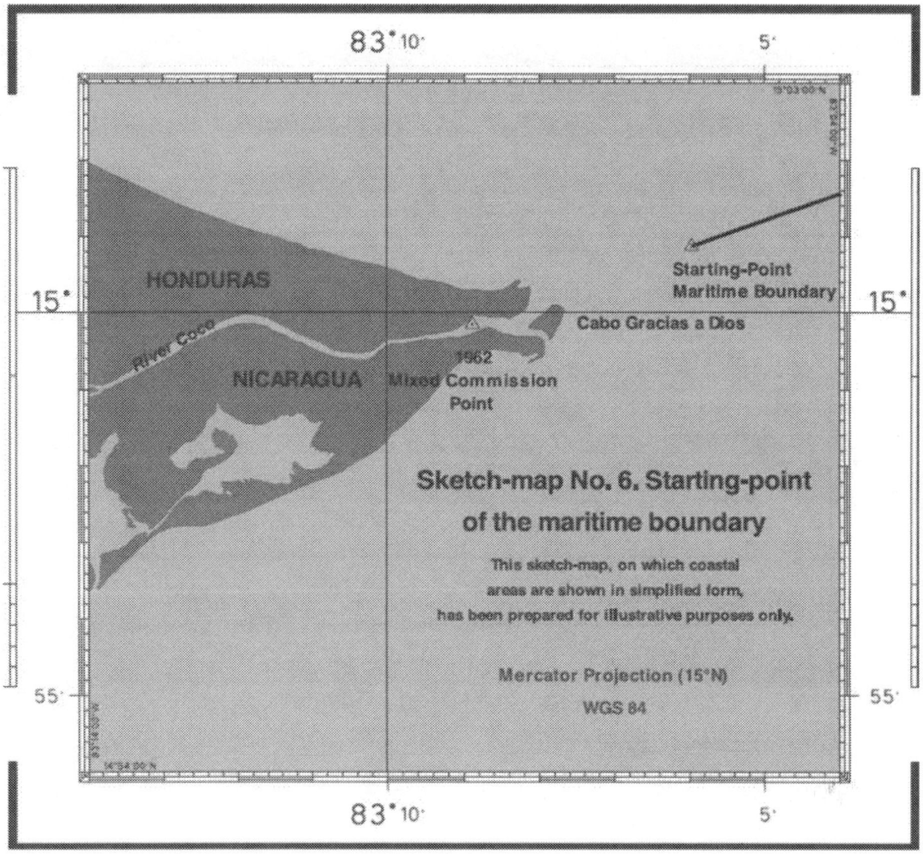

Fuente: *Territorial and Maritime Dispute between Nicaragua and Honduras in the Caribbean Sea (Nicaragua v. Honduras), Judgment*, I.C.J. Reports 2007.

Anexo 4

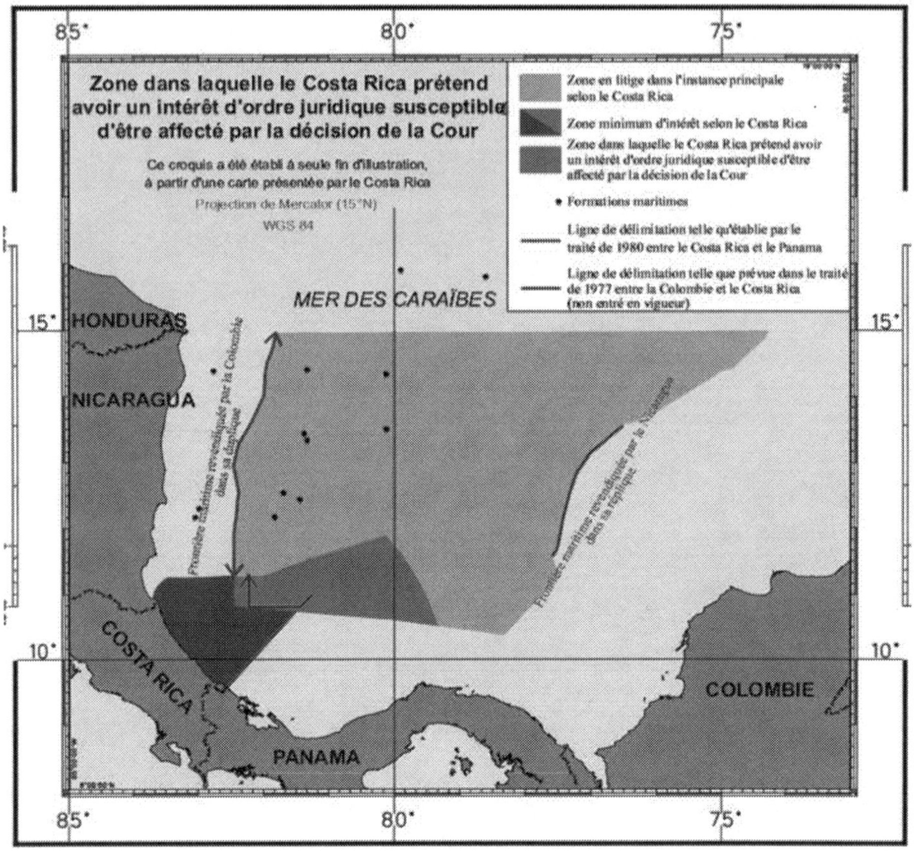

Fuente: *Territorial and Maritime Dispute (Nicaragua v. Colombia), Application by Costa Rica for permission to intervene, Judgment of 4 May 2011.*

Anexo 5

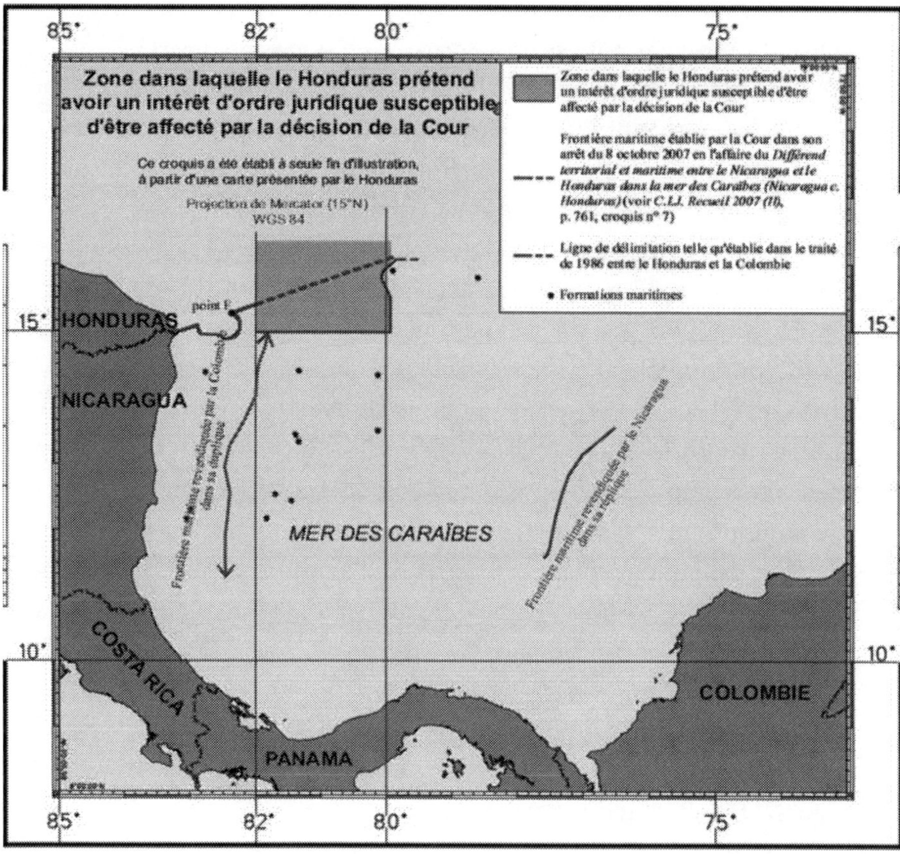

Fuente: *Territorial and Maritime Dispute (Nicaragua v. Colombia), Application by Costa Rica for permission to intervene, Judgment of 4 May 2011.*

Artículo 4
El Espectador, 29 de abril de 2012[31]

Este artículo fue publicado durante las últimas audiencias orales, antes de la decisión final del 19 de noviembre de 2012.

Lo relevante del escrito es que se pusieron de presente las verdaderas pretensiones de Nicaragua, es decir, que las islas fueran de soberanía colombiana (hasta este momento solo lo eran las de San Andrés, Providencia y

31 *El Espectador*, 29 de abril de 2012, p. 30.

Santa Catalina) y que quedaran como enclaves con un derecho máximo de doce millas náuticas de mar territorial. Este era el peor escenario que se había vislumbrado; sin embargo, siempre consideré que una decisión de la Corte en este sentido no era posible en la medida en que conllevaría una eventual revisión de la geopolítica mundial, si se tiene en cuenta que varios Estados, como Francia, por ejemplo, poseen territorios de ultramar y este habría sido un precedente complejo que eventualmente habría llevado a que surgieran pretensiones de los Estados vecinos a dichos territorios.

Otro aspecto interesante de este artículo es que se muestra que la estrategia de Nicaragua no era tan descabellada como había sido presentada en Colombia. En efecto, ellos sostenían que el gran desarrollo del derecho del mar se dio durante el siglo XX, es decir, en gran medida con posterioridad al tratado de 1928. En consecuencia, argumentaba Nicaragua, Colombia no podía tener unos derechos sobre unos espacios inexistentes para el derecho internacional al momento de la celebración del tratado Esguerra-Bárcenas.

Lo anterior, aunque se buscó contrarrestar invocando los títulos históricos que siempre habíamos tenido, la Corte fundamentó su decisión con base en el tratado celebrado con Nicaragua que, como ya se ha mencionado, no hace referencia a espacios marítimos.

La CIJ tomará unos meses para decidir sobre la disputa entre Colombia y Nicaragua
El mapa del litigio Caribe

Nicaragua busca que la Corte trace la frontera marítima entre la costa colombiana y las islas que componen el archipiélago de San Andrés. Con esta nueva posición, Colombia pierde espacios marítimos al norte.

Fue el 6 de diciembre de 2001 cuando Nicaragua presentó la demanda contra Colombia ante la Corte Internacional de Justicia de La Haya. El 13 de diciembre de 2007 la Corte decidió que era competente para conocer del caso y determinó la validez del tratado Esguerra-Bárcenas. Como consecuencia excluyó del proceso a las islas de San Andrés, Providencia y Santa Catalina, en la medida en que el tratado le da soberanía plena a Colombia sobre ellas. El 4 de mayo de 2011 la Corte desestimó los intereses de Costa Rica y Honduras sobre la zona en litigio, ya que pretendían involucrarse en el proceso. Con estos antecedentes, llegamos esta semana a la recta final del proceso, en la que hay dos semanas de rondas orales.

Las presentaciones empezaron el lunes 23 de abril y durante tres días los abogados de Nicaragua presentaron sus argumentos de por qué consideran que los cayos de Serrana, Serranilla, Roncador, Quitasueño, Bajo Nuevo y Albuquerque deberían ser de soberanía nicaragüense. Su razonamiento se centra en que los cayos se encuentran en la plataforma continental nicaragüense, concepto inexistente en 1928-1930, fecha de celebración y ratificación del tratado Esguerra-Bárcenas, lo que lleva a que, además, le pidan a la Corte que la delimitación de la frontera marítima entre los dos Estados debe hacerse partiendo de la costa colombiana y dejando a las islas de San Andrés, Providencia y Santa Catalina como territorios colombianos de ultramar.

Por su parte, el equipo legal colombiano le mostró a la Corte cómo el país ha ejercido plena soberanía sobre las islas, islotes y cayos desde antes de la Independencia (1810). El tratado Esguerra-Bárcenas pone fin a un diferendo entre los dos Estados y, precisamente por eso, Nicaragua ejerce soberanía sobre la Mosquitia y las islas Mangle Grande y Mangle Chico, sin haber manifestado en ningún momento su desacuerdo con esto o su pretensión de incluir otros espacios terrestres en el tratado.

Así mismo, los abogados le han mostrado a la Corte que mal puede Nicaragua pretender la soberanía sobre Roncador, Quitasueño y Serrana, ya que ellos mismos sostuvieron, en 1928, que dicha soberanía recaía en Colombia o en Estados Unidos, pero no en Nicaragua. Sostienen los juristas que es claro que fue Nicaragua la que solicitó la inclusión de la referencia al meridiano 82 en el acta de canje, lo que demuestra que ése era el límite de sus pretensiones para esa fecha.

En 2011 la Corte hizo públicas las pretensiones de las partes en el presente litigio. Los mapas publicados muestran que Nicaragua busca que la Corte trace la frontera marítima entre la costa colombiana y las islas; mientras que Colombia, como consecuencia de la decisión de la Corte en 2007, abandonó el trazado a lo largo del meridiano 82 y presenta una línea que refleja el trazado general de la costa nicaragüense. Con esta nueva posición, Colombia pierde espacios marítimos al norte (meridiano 82 con paralelo 15), ya que el comienzo del trazado de la línea de demarcación se encuentra al este del meridiano 82.

Esta pérdida se compensa al sur ya que la línea propuesta se encuentra trazada al oeste de dicho meridiano. Después de estas audiencias orales, la Corte tardará unos meses en tomar su decisión, que debería estar lista para finales del presente año.

Artículo 5
Crónica Jurídica, octubre de 2012[32]

Este artículo es bastante especial para mí en la medida en que me fue solicitado para una publicación de estudiantes. Estos fueron los primeros en interesarse sobre el hecho de que el presente caso llegara a su final.

Además de lo anterior, vale la pena resaltar que, habiendo sido publicado un mes antes de la lectura del fallo en la Corte, se afirmaron con claridad varios puntos que, a la postre, serían similares a los que tomó la Corte en su decisión. Destaco los siguientes:

1. Se van a perder espacios marítimos al este del meridiano 82.
2. La Corte respetará las doce millas náuticas de mar territorial alrededor de las islas (para las pequeñas Nicaragua solicitaba que solo se dieran tres). Los puntos así trazados fueron básicos para la delimitación de la nueva frontera marítima.
   Al respecto, a pesar de mi pesimismo frente al caso, la delimitación terminó siendo mucho más perjudicial de lo que se esperaba con relación a las pretensiones colombianas.
3. Todas las porciones de tierra que se encuentran al este del meridiano 82 son colombianas; así lo determinó la Corte en su decisión un mes más tarde.

Por lo anterior, creo que este es un artículo destacable en la medida en que los principios de delimitación fueron los posteriormente usados por la Corte. Ello a pesar de mi equivocación sobre la delimitación marítima finalmente trazada.

Historias y perspectivas del litigio entre Nicaragua y Colombia por delimitación de la frontera común

1- Introducción al caso

El 6 de diciembre del año 2001 Nicaragua puso fin a varios años de incertidumbre durante los cuales sus políticos manejaron el tema relativo al archipiélago de San Andrés para obtener beneficios en las encuestas en el nivel interno.

---

[32] *Crónica jurídica*, www.cronicajuridica.com

Efectivamente, desde 1980 Nicaragua amenazaba de tiempo en tiempo a Colombia con llevar el caso ante la Corte Internacional de Justicia CIJ por lo que ellos consideraban como un arrebato de tierras nicaragüenses a mano de los imperialistas colombianos. En realidad, el Tratado Esguerra-Bárcenas de 1928 no es más sino una pérdida de territorio de Colombia.

Lo que realmente sucedió es que ante la independencia de Costa Rica y la pérdida de Panamá, Colombia perdió el acceso directo a la Mosquitia, en consecuencia, Nicaragua efectuó una soberanía *de facto* sobre dicho territorio. Este conflicto es el que busca resolver el tratado Esguerra-Bárcenas en 1928. Por esto el tratado solo hace referencia a porciones de tierra, en el que Colombia reconoce la soberanía nicaragüense sobre la Mosquitia y sobre las Islas Mangle Grande y Mangle Chico. A su vez, Nicaragua reconoce la soberanía de Colombia sobre las islas de San Andrés, Providencia y Santa Catalina, así como sobre las demás islas, islotes y cayos que conforman el archipiélago.

El tratado a su vez es claro al dejar por fuera de cualquier tipo de pretensión nicaragüense los cayos de Roncador, Serranilla y Quitasueño por encontrarse en ese momento en litigio entre Colombia y los Estados Unidos de América. Es claro que Nicaragua acepta con este tratado que no ostenta ningún tipo de derechos sobre estos cayos.

El siguiente momento que se debe tener en cuenta es el Acta de Canje del tratado Esguerra-Bárcenas que se da en 1930, cuando los dos Estados habían terminado con el procedimiento interno de ratificación. Este momento es fundamental en la medida en que Nicaragua solicita que se incluya en el tratado una referencia al meridiano 82 de Greenwich. En este momento se toca por primera vez una eventual delimitación en dicho punto. Colombia sostuvo que incluirlo en el tratado implicaba volver a realizar todo el proceso interno, razón por la que se prefirió incluir dicha referencia en el Acta de Canje. Es importante dejar en claro que esta solicitud fue hecha por los nicaragüenses, en consecuencia, se desvirtúa totalmente su argumento de falta de voluntad para celebrar el tratado al haber sido presionados por los Estados Unidos para favorecer a Colombia en su momento. Por lo anterior solicitaron la nulidad del tratado en la demanda ante la CIJ.

2- Excepciones preliminares

El 6 de diciembre del año 2001 Nicaragua presentó la demanda ante la CIJ, en el documento se invocaban dos vías para que la Corte asumiera la competencia del caso. Uno era el artículo 36.2 del Estatuto de la Corte en el que se invocaba la declaración hecha por Colombia en 1936 en la que nosotros aceptábamos la competencia de la Corte a partir de 1932. La otra se basaba en el artículo 36.1 del Estatuto en la que, con base en el Pacto de Bogotá de 1948, los dos Estados le otorgaban la competencia a la Corte para resolver de sus eventuales diferendos.

Lo curioso sobre este punto es que no es sino hasta el martes 11, si mal no recuerdo, que se empieza a filtrar en los medios de comunicación el hecho que Colombia había retirado el 5 de diciembre, en Nueva York, unas horas antes de que Nicaragua presentara en La Haya la demanda, la declaración de aceptación de la competencia en virtud del artículo 36.2 del Estatuto. Digo que es curioso en la medida en que al día de hoy esa decisión sigue sin tener padre. Es decir, que nadie quiere achacarse la responsabilidad de semejante error estratégico de empezar peleando con el juez. Esto, teniendo en cuenta que la CIJ en el caso Nicaragua contra Estados Unidos ya había manifestado que retirar la aceptación de la competencia con tres días de anterioridad no era un plazo razonable, en consecuencia, ¡unas horas antes tampoco podía serlo!

Frente a lo anterior debo decir que, a pesar de no estar de acuerdo con el retiro de la declaración, la estrategia colombiana de presentar excepciones preliminares fue interesante y en esta etapa procesal la Corte determinó la validez del tratado Esguerra-Bárcenas y en consecuencia excluyó a San Andrés, Providencia y Santa Catalina del fondo del proceso. Claro que sigo convencido de que la Corte jamás le habría dado la soberanía de estas islas a Nicaragua.

La decisión de la Corte del 13 de diciembre de 2007[33] cambió totalmente el panorama para Colombia. Si bien es cierto que las islas arriba mencionadas quedaron por fuera del proceso, la Corte fue clara al determinar que el tratado Esguerra-Bárcenas no era un tratado de delimitación marítima, en consecuencia nos quitaron el Meridiano 82 que había sido desde 1930 lo que los colombianos considerábamos la frontera común con Nicaragua.

Este hecho cambió totalmente la posición de Colombia y les aumentó las agallas a los nicaragüenses, que encontraron una base para solicitar que la frontera marítima debe ser trazada como línea media entre San Andrés y

---

[33] La traducción al Español de esta decisión se encuentra en el *Anuario Colombiano de Derecho Internacional – ACDI*, vol. 1, 2008, pp. 205-262. O la versión online en: http://www.anuariocdi.org/anuario-capitulos-pdf/10_Abello.pdf

Cartagena. Este sería el peor escenario para Colombia en la medida en que las islas, que sin discusión alguna son de soberanía colombiana, quedarían como territorio de ultramar, es decir que para poder llegar a ellas tendríamos que navegar o sobrevolar espacios nicaragüenses. A mi modo de ver la Corte no va a aceptar la teoría nicaragüense porque ello llevaría prácticamente a revisar toda la geopolítica mundial.

Frente a la nueva situación de carencia de frontera marítima con Nicaragua, Colombia propuso una nueva posición del trazado de la frontera. Se trata de una línea media que sigue el trazado de la costa nicaragüense y que empezaría al este del meridiano 82 en el norte y termina al oeste de este mismo meridiano al sur.

De acuerdo con nuestra posición antes de la decisión de la CIJ del 2007, esto implicaría una pérdida de espacios marítimos; sin embargo, en la medida en que la Corte dijo que no había frontera la conclusión es que no podemos perder lo que nunca se ha tenido y en cambio sí estamos ganando espacios marítimos al sur del meridiano 82.

3- Fondo del asunto

Después de una decisión sobre excepciones preliminares, dos intentos de intervenir como terceros, Costa Rica y Honduras, éste último pretendía ser parte en su pretensión principal. La Corte desechó las pretensiones de estos terceros.

Habiendo ya pasado las audiencias orales a finales de abril del presente año, estamos en la recta final de este proceso que habrá durando once años.

¿Qué va a suceder?

A mi modo de ver, Colombia mantendrá la soberanía sobre todas las islas islotes y cayos, la Corte seguirá la misma metodología que tuvo en el caso entre Nicaragua y Honduras del año 2007 en el que inició el trazado de la frontera marítima otorgándole doce millas náuticas a los Cayos de Savanna, Port Royal, Bobel y South.

En este caso el trazado iniciará en el paralelo 15 a la altura donde se encuentre la parte oeste de la circunferencia de doce millas náuticas de Quitasueño, bajará al sur a encontrarse a su vez con la parte oeste de la circunferencia de las doce millas náuticas de las islas de Santa Catalina y Providencia; la línea del trazado de la frontera marítima seguirá al sur a encontrarse con la parte oeste de la circunferencia de doce millas náuticas de la isla de San Andrés y posteriormente bajará a encontrarse con la parte oeste de la circunferencia de las doce millas náuticas del cayo de Albuquerque. Finalmente bajará por el meridiano 82 hasta encontrarse con los derechos de terceros, en este caso Costa Rica.

Estamos a la espera de que se fije la fecha de la audiencia de lectura del fallo que será, creo yo, en la última semana de octubre, o en la primera semana de noviembre y ya veremos en ese momento cual será el trazado decidido por la Corte Internacional de Justicia.

Artículo 6
El Espectador, 19 de noviembre de 2012[34]

Este escrito fue publicado el mismo día del fallo. Es decir, que se pudo leer unas horas antes de que la Corte empezara la lectura de la trascendental decisión en la ciudad de La Haya.

Aquí se muestra que mi posición era que se perderían espacios marítimos, sin embargo, no de forma tan grave a como finalmente resultó siendo. En efecto, se dice que cualquier trazado de la frontera marítima al oeste de las diferentes porciones de tierra (islas, islotes y cayos) sería un triunfo para Colombia. A pesar de que ello fue así con relación a las siete islas en disputa, nunca me imaginé que la Corte trazaría las dos paralelas siguiendo los meridianos hasta una distancia de 200 millas náuticas a favor de Nicaragua, generando la conocida pérdida de espacios marítimos para nosotros.

También se dijo que todas las porciones de tierra que estuvieran sobre el nivel del mar en pleamar serían de soberanía colombiana; esto ya lo había mencionado en artículos anteriores pero no de forma tan clara como en el artículo que se puede leer a continuación. Esto fue ratificado por la Corte en su decisión final, incluyendo a Quitasueño, cuya posibilidad de ser susceptible de apropiación no era clara. Esto en la medida en que está conformado por 54 elevaciones de bajamar,[35] de las cuales solo una, QS 32, se encuentra sobre el nivel del mar en pleamar y tiene un tamaño de un metro cuadrado.[36]

---

34 *El Espectador*, 19 de noviembre de 2012, p. 6.

35 *Diferendo territorial y marítimo (Nicaragua c. Colombia), fondo, C.I.J. Sentencia del 19 de noviembre de 2012*, p. 68, párr. 181. En *Anuario Colombiano de Derecho Internacional – ACDI*, vol. 5, 2012; así mismo en la página web: www.anuariocdi.org

36 *Ibidem*, p. 75, párr. 202.

En este sentido, Colombia obtuvo, como era claro de acuerdo con el tratado Esguerra-Bárcenas, el ciento por ciento de sus pretensiones terrestres.

Por último, quiero hacer referencia a que, como ya se mencionó en el mismo análisis, la decisión de la Corte hace tránsito a cosa juzgada. Es decir, que, como de manera equivocada se ha dicho por algunas personas, no es jurídicamente viable que Nicaragua pueda pensar en otro mecanismo judicial para que se le otorgue la soberanía sobre las islas de San Andrés, Providencia y Santa Catalina, ni sobre ninguna de los demás islas, islotes y cayos.

Pleito limítrofe entre Colombia y Nicaragua; El final del diferendo

Después de once años de litigio la Corte Internacional de Justicia dictará un fallo definitivo. A las 9:00 a.m. se conocerá.

Este lunes la Corte Internacional de Justicia hará pública su decisión en el caso que enfrenta a Colombia con Nicaragua. Esta decisión es inapelable y debe ser cumplida por las partes so pena de estar poniendo en riesgo la paz y la seguridad de la región.

Con esta decisión la Corte da por terminado un diferendo que duró once años. En efecto, es de conocimiento público que el caso fue presentado por Nicaragua el 6 de diciembre de 2001. En el transcurso del proceso Colombia interpuso excepciones preliminares en la medida que consideró que la Corte carecía de competencia para conocer del caso, pretensiones que fueron parcialmente desestimadas por la Corte en la decisión del 13 de diciembre de 2007. En esta decisión se ratificó la validez del tratado Esguerra-Bárcenas de 1928 y quedaron claros los siguientes puntos:

Primero, el de 1928 es un tratado territorial y no marítimo. Segundo, las islas de San Andrés, Providencia y Santa Catalina son colombianas. Tercero, el tratado no es de delimitación marítima y, en consecuencia, no hay una frontera marítima entre los dos Estados.

Con base en estos tres puntos, la Corte determinó que sí era competente para conocer sobre el fondo del asunto y podía entrar a definir la frontera marítima entre Nicaragua y Colombia. En este sentido las partes hicieron sus solicitudes.

Colombia abandonó el meridiano 82 como frontera y propuso una línea equidistante entre las islas y el territorio nicaragüense. Esto trae como consecuencia que el punto de partida de la frontera en el paralelo 15 se encuentra al este del meridiano 82.

En este sentido hay quienes puedan pensar que con su propuesta Colombia está perdiendo espacios marítimos en la medida en que la frontera era en el meridiano 82; sin embargo, no podemos olvidar la decisión de la Corte de 2007, en la que dijo que no había frontera marítima trazada entre los dos Estados. En consecuencia, no se puede perder lo que nunca se ha tenido.

La posición colombiana se dirige hacia el sur dejando en aguas colombianas todas las islas, islotes y cayos, incluido Quitasueño y Albuquerque, terminando al sur, en la frontera marítima con Costa Rica, al oeste del meridiano 82 siguiendo el trazado de la Costa Mosquitia. Es decir, que lo que se estaría "perdiendo" al norte se estaría "ganando" al sur.

Por su parte, Nicaragua le solicitó a la Corte que trace la frontera entre las islas de San Andrés, Providencia y Santa Catalina y la costa colombiana, quedando las islas como territorios de ultramar. Es decir, que las islas quedarían con su mar territorial y rodeadas de aguas marítimas nicaragüenses.

Este último es, sin duda, el peor escenario para Colombia porque perdería el acceso directo a las islas y una gran cantidad de espacios marítimos de pesca afectando gravemente la perspectiva económica del país.

En lo personal, creo que es poco probable que la Corte acepte las pretensiones nicaragüenses, pues se estaría sentando un precedente que llevaría a que se tuviera que modificar gran parte de la geopolítica global por el surgimiento de un gran número de reivindicaciones marítimas por parte de varios Estados.

En consecuencia, creo que la Corte trazará la frontera marítima al oeste de las islas partiendo de la propuesta colombiana. Sin embargo, es poco probable que acepten un trazado al oeste del meridiano 82. De acuerdo con lo anterior, una frontera marítima trazada al occidente de las islas, se encuentre esta en dónde se encuentre, debe ser considerada un triunfo de Colombia.

En lo relativo a las demás islas, islotes y cayos es claro que todos los que se encuentren sobre el nivel del mar serán de soberanía colombiana, teniendo en cuenta que el Tratado Esguerra-Bárcenas de 1928 establece que las tierras que conforman el archipiélago pertenecen a Colombia. A *contrario sensu*, si la Corte determina que alguno de ellos no se encuentra de forma clara sobre el nivel del mar, deberán entrar a analizar a cuál de los dos Estados le corresponden dichos espacios.

Aunque tengo la convicción de que la decisión le será favorable a Colombia, no será sino hasta la mañana de hoy que tendremos la certeza de cuáles fueron las pretensiones aceptadas por la Corte. Además, tendremos la tranquilidad de que Nicaragua tendrá un argumento menos en el sirirí contra sus vecinos cada vez que tienen una crisis política interna, ya que el caso del archipiélago de San Andrés pasará a ser cosa juzgada.

Artículo 7
Revista ORBIS de la Asociación Diplomática y Consular de la República de Colombia[37]

Este artículo, al ser recientemente escrito y encontrarse en proceso de edición para ser publicado, aún no ha tenido comentarios ni reacciones, además se trata de una explicación del fallo de la Corte. Por lo anterior no veo la necesidad de hacerle comentarios.

Diferendo territorial y marítimo entre Colombia y Nicaragua*

1- Introducción

Mucho se ha discutido en lo relativo al fallo de la Corte que despertó a los colombianos de la apatía existente hacia el archipiélago de San Andrés. Las críticas a la decisión y a la actuación colombiana han ido en diferentes sentidos, muchas de ellas son consecuencia de la dificultad que tiene admitir la pérdida de lo que siempre habíamos considerado nuestro.

La historia del caso la dividiría en tres partes, la primera de ellas entre 1980 y diciembre del año 2000, es decir desde el momento en el que el gobierno nicaragüense declara unilateralmente la nulidad del tratado Esguerra-Bárcenas y un año antes de la presentación de la demanda ante la Corte Internacional, la segunda, entre el 5 de diciembre de 2001 y el 13 de diciembre de 2007, momento en el que Colombia retira su declaración de aceptación de la competencia de la Corte y Nicaragua presenta la demanda (6 de diciembre),

---

[37] La revista *ORBIS*, de la Asociación Diplomática y Consular de la República de Colombia publicará en el transcurso del primer semestre del año 2013 este artículo.

* Las opiniones que se presentan en el presente artículo no comprometen en nada al Ministerio de Relaciones Exteriores de Colombia, se trata de opiniones presentadas en mi calidad de Profesor de Carrera Académica de la Universidad del Rosario, que es una entidad privada y sin vínculo alguno con el Ministerio.

hasta el día de la lectura de la decisión de la Corte relativa a las excepciones preliminares; Finalmente, la tercera parte es entre el 13 de diciembre de 2007 y el 19 de noviembre de 1012.

En el presente artículo nos centraremos en esta tercera fase que es en la que se desarrolla el fondo del asunto. Sin embargo, haremos referencia, a modo de introducción, a la decisión del 13 de diciembre de 2007 relativa a las excepciones preliminares para la cabal comprensión de la decisión del 19 de noviembre de 2012.

De acuerdo con lo anterior, la CIJ determinó en el año 2007 varios aspectos que son el punto de partida de la decisión sobre el fondo. En este sentido recalcamos los siguientes:

1. La CIJ determinó que el tratado Esguerra-Bárcenas estaba vigente en 1948,[38] razón por la que era aplicable el artículo VI el Pacto de Bogotá y, en consecuencia, lo regulado en el tratado de 1928 quedaba, en principio, excluido del proceso.[39]
   En este sentido la Corte estableció que islas, islotes y cayos quedaban excluidos del proceso, razón por la que en su fallo determinó que San Andrés, Providencia y Santa Catalina eran de soberanía colombiana. Quedó faltando la exclusión de demás islas, islotes y cayos porque el tratado no menciona en forma expresa los nombres, razón por la que su identificación debió hacerse en el fondo del asunto.[40]
   Así mismo, lo relativo a Roncador, Quitasueño y Serrana debía analizarse en el fondo del asunto ya que de forma expresa fueron excluidos del tratado Esguerra-Bárcenas, por encontrarse en litigio entre Colombia y Estados Unidos de América. Una lectura lógica de este punto muestra de forma clara que Nicaragua no consideraba estos espacios como propios. Sin embargo, decidió reivindicarlos en el proceso.[41]

---

38 *Diferendo territorial y marítimo (Nicaragua c. Colombia), excepciones preliminares*, en *C.I.J. Recueil 2007*, p. 859, párr. 82. *Anuario Colombiano de Derecho Internacional – ACDI*, vol. 1, 2008, pp. 205-262; así mismo en la página. Web: www.anuariocdi.org

39 *Ibidem*, p. 861, párr. 90.

40 *Ibidem*, pp. 205-262.

41 *Ibidem*, p. 865, párr. 104.

2. Un segundo punto al que debo hacer referencia en esta introducción es que para la Corte el Tratado Esguerra-Bárcenas es un tratado en materia territorial y no marítima. Lo anterior denota que el Acta de Canje de 1930 no desterritorializó el tratado como lo invocó Colombia en el proceso sobre excepciones preliminares.
   Esta es tal vez la parte más compleja de dicha decisión en la medida en que la Corte determinó que no existía una delimitación marítima entre Colombia y Nicaragua. Es decir, que el meridiano 82 no era la frontera marítima.[42]

A modo de conclusión de los dos puntos anteriores podemos decir que la Corte determinó que no era competente para conocer del Tratado Esguerra-Bárcenas con relación a las islas de San Andrés, Providencia y Santa Catalina. Esto, que a primera vista podría ser considerado como un triunfo de Colombia, en realidad no lo era en la medida en que la Corte debía identificar los demás islas, islotes y cayos a los que hace referencia el tratado. Por otro lado, la Corte se ciñó de forma estricta al tenor literal del tratado y en consecuencia asumió la competencia para entrar a hacer la delimitación territorial entre los dos Estados en la medida que se trataba de un tratado en materia territorial y no marítima.

2- Fondo del asunto (2008-2012)

Con los antecedentes arriba señalados, el equipo jurídico de Colombia hizo una nueva propuesta de delimitación abandonando definitivamente el icónico Meridiano 82. En este sentido la propuesta partía de una rigurosa equidistancia entre diferentes espacios territoriales nicaragüenses y colombianos para trazar una línea que empezaba en la parte norte al este del meridiano 82 y terminaba en la parte sur al oeste de dicho meridiano. Se trataba de un trazado en el que se aplicaron de forma estricta diferentes normas de delimitación marítima.

Con esta propuesta Colombia entraba "perdiendo" espacios marítimos al norte pero se preservaban, de una forma lógica, todos los espacios territoriales. Es decir todas las islas, los islotes y cayos que seguían en el proceso; además,

[42] *Ibidem*, p. 869, párr. 120.

se estaba invocando soberanía sobre espacios marítimos al oeste del meridiano 82, en el sur hasta encontrarse con la frontera marítima con Costa Rica.[43]

Con la claridad de la pretensión anterior, llegamos a la fecha fijada por la Corte para la lectura del fallo. El juez Peter Tomka, presidente de la CIJ, inició la lectura a las 9 de la mañana hora de Colombia, en este momento ni el más pesimista de los colombianos se imaginaba el alcance de la decisión con las graves consecuencias para el país que esta acarrearía. La decisión tiene cuatro grandes partes, a mi modo de ver, la primera, en lo relativo a la soberanía sobre cada uno de los siete espacios terrestres ubicados al este del meridiano 82, la segunda, sobre la delimitación de la plataforma continental extendida, la tercera, sobre la delimitación de la frontera entre los dos Estados y la cuarta, la determinación de dejar a Quitasueño y Serrana como enclaves. A continuación analizaremos cada uno de estos puntos.

A. Soberanía sobre cada uno de los siete espacios terrestres ubicados al este del meridiano 82

Con relación a la soberanía sobre los espacios terrestres, la Corte empezó explicando la geografía de cada uno de estos siete espacios que aún se encontraban en disputa. En este sentido, la Corte analiza la ubicación y características geográficas así como la extensión de los cayos de Albuquerque, Este-Sur-Este, Roncador, Serrana, Quitasueño, Serranilla y Bajo Nuevo[44] con el fin de determinar si se trata de islas, es decir que se encuentren sobre el nivel del mar y puedan ser susceptibles de apropiación.[45] Esto debe hacerse para poder determinar sobre cuál de los dos Estados en el litigio debía recaer la soberanía. En sentido, contrario, saber con exactitud cuál de estos espacios no era susceptible de ser reivindicado al no encontrarse sobre el nivel del mar

---

43 Tratado Fernández-Facio de delimitación marítima de 1977 (Colombia-Costa Rica). Este tratado no ha sido ratificado aún por el Gobierno costarricense.

44 *Diferendo territorial y marítimo (Nicaragua c. Colombia), fondo, C.I.J. Sentencia del 19 de noviembre de 2012*, pp. 17 y 18, párr. 24. La traducción al español de esta sentencia puede ser consultada en: *Anuario Colombiano de Derecho Internacional – ACDI*, vol. 5, 2012; así mismo en la página web: www.anuariocdi.org

45 El artículo 121 de la Convención de las Naciones Unidas sobre el Derecho del Mar – CNUD, sostiene que: "Una isla es una extensión natural de tierra, rodeada de agua, que se encuentra sobre el nivel de ésta en pleamar (…). Las rocas no aptas para mantener habitación humana o vida económica propia no tendrán zona económica exclusiva ni plataforma continental".

y, en consecuencia, no poder ser considerado como una isla. Para estos efectos, la Corte analiza el artículo 121 de la Convención de las Naciones Unidas sobre el Derecho del Mar -CNUDM- y el caso *Qatar / Bahréin*.[46]

Con relación a los diferentes espacios la única duda sobre la susceptibilidad de ser apropiada recaía sobre Quitasueño ya que para Nicaragua todas y cada una de las elevaciones de bajamar que conforman este banco se encuentran siempre bajo el nivel del mar; mientras que para Colombia sí hay elevaciones de bajamar que se encuentran sobre el nivel del mar.[47]

La Corte determinó que era claro que una de esas elevaciones de bajamar, la denominada QS 32, sí queda sobre el nivel del mar en pleamar. En consecuencia, se trata de una isla y por esta razón sí es susceptible de apropiación.[48]

Con lo anterior ya claramente definido, la Corte entró a determinar cuáles de esos espacios terrestres son parte del Archipiélago de San Andrés de acuerdo con lo señalado en el Tratado Esguerra-Bárcenas de 1928 en la medida en que la soberanía de todas las islas, islotes y cayos que conforman dicho archipiélago recae en Colombia de acuerdo con el artículo 1 de dicho tratado.

La Corte analiza el tratado Esguerra-Bárcenas de 1928, el *uti possidetis juris*, las efectividades (determinando la fecha crítica y el análisis de las mismas), el eventual reconocimiento de Nicaragua de los títulos de Colombia, la posición adoptada por los terceros Estados y el valor probatorio de los mapas. Analizado todo lo anterior, la Corte determinó, no podía ser de otra forma, que la soberanía sobre los siete espacios terrestres era de Colombia.[49]

Hasta este momento las noticias eran buenas para Colombia en esta decisión. Sin embargo, recordando la lectura de decisiones como la relativa a la *Soberanía sobre Pedra Branca / Pulau Batu Puteh, Middle Rocks y South Ledge (Malasia / Singapur)*,[50] o la relativa a la *Delimitación marítima en el Mar Negro*

46 *Delimitación marítima y cuestiones territoriales entre Qatar y Bahréin (Qatar c. Bahréin), fondo*, en *C.I.J. Recueil 2001*, p. 40.

47 *Diferendo territorial y marítimo (Nicaragua c. Colombia), fondo, C.I.J. Sentencia del 19 de noviembre de 2012*, p. 19, párr. 28. *Anuario Colombiano de Derecho Internacional – ACDI*, vol. 5, 2012; así mismo en la página web: www.anuariocdi.org

48 *Ibidem*, p. 22, párr. 37.

49 *Ibidem*, p. 39, párr. 103.

50 *Soberanía sobre Pedra Branca / Pulau Batu Puteh, Middle Rocks y South Ledge (Malasia / Singapur), fondo*, en *C.I.J. Reports 2008*, p. 12. La traducción al español de esta sentencia puede ser consultada en:

(Rumania c. Ucrania)[51] y la *Aplicabilidad de la convención internacional sobre la eliminación de todas las formas de discriminación racial (Georgia c. Federación Rusa),*[52] cuando la primera parte de la sentencia va de forma clara a favor de uno de los Estados, la segunda parte será en sentido contrario. Efectivamente, ¡esto fue lo que pasó!

B. Delimitación de la Plataforma Continental extendida

Este punto es bastante polémico en la medida en que Nicaragua reivindicaba un derecho a una Plataforma Continental extendida, es decir, más allá de las 200 millas náuticas. Este concepto está regulado por la CNUDM en el artículo 76.

En la medida en que Colombia no ha ratificado este tratado, la Corte debió aclarar que el numeral 1 del artículo 76 es una norma consuetudinaria.[53] Es decir que hay un elemento material y *opinio juris* y, en este sentido, se trata de una fuente del derecho internacional[54] que le es aplicable a los Estados independientemente de que haya ratificado o no el tratado en el que se encuentre consagrada esa norma.

En cuanto a los demás numerales del artículo 76 la Corte no se pronunció sobre el carácter consuetudinario de estas normas relativas al alcance y delimitación de la Plataforma Continental en los casos en los que el margen continental se encuentra más allá de las 200 millas náuticas.[55]

Así mismo, la Corte sostuvo que Nicaragua solo ha presentado "informes preliminares" a la Comisión de Límites de la Plataforma Continental y, además, Nicaragua no aportó las pruebas necesarias para demostrar que el

---

Anuario Colombiano de Derecho Internacional – ACDI, vol. 2, 2009, pp. 175-291; así mismo en la página web: www.anuariocdi.org

51 *Delimitación marítima en el Mar Negro (Rumania c. Ucrania), fondo*", en *C.I.J. Recueil 2009*, p. 61.

52 *Aplicabilidad de la convención internacional sobre la eliminación de todas las formas de discriminación racial (Georgia c. Federación Rusa), excepciones preliminares, C.I.J. Sentencia del 1 de abril de 2011.*

53 *Diferendo territorial y marítimo (Nicaragua c. Colombia), fondo, C.I.J. Sentencia del 19 de noviembre de 2012*, p. 43, párr. 118. *Anuario Colombiano de Derecho Internacional – ACDI*, vol. 5, 2012; así mismo en la página web: www.anuariocdi.org

54 Ver artículo 38 del Estatuto de la Corte Internacional de Justicia.

55 *Diferendo territorial y marítimo (Nicaragua c. Colombia), fondo, C.I.J. Sentencia del 19 de noviembre de 2012*, p. 43, párr. 118. *Anuario Colombiano de Derecho Internacional – ACDI*, vol. 5, 2012; así mismo en la página web: www.anuariocdi.org

margen continental se extiende lo suficientemente lejos para que haya una superposición de plataformas continentales. La Corte determinó que no estaba en posición de delimitar las porciones de plataforma que le corresponderían a cada Estado.[56]

Al respecto, considero que un proceso judicial por parte de Nicaragua en el que pretenda reivindicar una Plataforma Continental extendida no tiene viabilidad alguna. Esto en la medida que dadas las características del Mar Caribe un tribunal no va a realizar esa delimitación, ya que es la Comisión de Límites de la Plataforma Continental la entidad encargada de hacerlo de acuerdo con lo establecido en la CNUDM. Obviamente solo los Estados que son parte de este tratado pueden hacerlo. Además, la Convención establece en el párrafo 8 del artículo 76 que debe haber una representación geográfica equitativa. Así mismo, la Corte recuerda en la decisión que el Preámbulo de la Convención señala que "los problemas de los espacios marinos están estrechamente relacionados entre sí y han de considerarse en su conjunto".[57]

En este sentido, otorgarle semejante derecho a Nicaragua no solo alteraría completamente este principio en el Caribe, sino que hacerlo en una decisión que solamente tiene efectos *inter partes*[58] llevaría a que se generaran inequidades con terceros Estados de la región.

En consecuencia este punto no será resuelto ante un tribunal sino ante la Comisión de Límites de la Plataforma Continental.

C. Trazado de la delimitación marítima

La Corte empieza señalando que las partes en el presente litigio están de acuerdo en que el derecho aplicable es el derecho consuetudinario en la medida que Colombia no es parte de la CNUDM. Nuevamente la Corte hace referencia al numeral 1, literal b del artículo 38 del Estatuto de la Corte[59] al señalar que

---

56 *Ibidem*, p. 46, párr. 129.

57 Convención de las Naciones Unidas sobre el Derecho del Mar, Preámbulo; ver también: *Diferendo territorial y marítimo (Nicaragua c. Colombia), fondo, C.I.J. Sentencia del 19 de noviembre de 2012*, p. 46, párr. 128. *Anuario Colombiano de Derecho Internacional – ACDI*, vol. 5, 2012; así mismo en la página web: www.anuariocdi.org

58 Ver artículo 59 del Estatuto de la Corte Internacional de Justicia.

59 Ver artículo 38 del Estatuto de la Corte Internacional de Justicia, p. 17.

los artículos 74, 83 y 121 de la CNUDM son costumbre internacional,[60] como ya lo había señalado en el caso de *Qatar c. Bahréin*.[61]

Posteriormente la Corte parte del principio de equidistancia, esta era la posición que Colombia había presentado para trazar la delimitación, en la que, como ya se mencionó, el trazado de la frontera marítima empezaba en el norte al este del meridiano 82 y terminaba al sur al oeste de este meridiano.

Para poder trazar la línea media provisional, la Corte debe determinar cuáles son las costas pertinentes. Al aplicar esta teoría se empieza a caer la estructura de la defensa colombiana, ya que no tiene en cuenta los títulos históricos y afirma que "en el presente caso el principio del *uti possidetis juris* no permite determinar quién detiene la soberanía sobre las formaciones marítimas en litigio".[62]

La Corte, al determinar que la costa pertinente nicaragüense mide aproximadamente 531 km mientras que la colombiana solo unos 65 km, es decir, que la relación entre las costas pertinentes de cada Estado es de 1 a 8,2 a favor de Nicaragua,[63] terminó generando una gran diferencia que a la postre sería la base para que le fueran adjudicados tantos espacios marítimos a Nicaragua en perjuicio de Colombia. Esto, aun teniendo en cuenta que con posterioridad en la decisión, la Corte redujo dicha relación a una de 1 a 3,44 para evitar inequidades en la división de los espacios marítimos.[64]

La Corte trazó una línea media provisional, de acuerdo con sus propios antecedentes jurisprudenciales, como en el caso relativo a la *Delimitación marítima en el Mar Negro*,[65] que terminó ajustando, de acuerdo a las circunstancias

---

60 Convención de las Naciones Unidas sobre el Derecho del Mar, Preámbulo; ver también: *Diferendo territorial y marítimo (Nicaragua c. Colombia), fondo, C.I.J. Sentencia del 19 de noviembre de 2012*, p. 50, párr. 139. *Anuario Colombiano de Derecho Internacional – ACDI*, vol. 5, 2012; así mismo en la página web: www.anuariocdi.org

61 *Delimitación marítima y cuestiones territoriales entre Qatar y Bahréin (Qatar c. Bahréin), fondo, C.I.J. Recueil 2001*, p. 40.

62 *Diferendo territorial y marítimo (Nicaragua c. Colombia), fondo, C.I.J. Sentencia del 19 de noviembre de 2012*, p. 28, párr. 65. *Anuario Colombiano de Derecho Internacional – ACDI*, vol. 5, 2012; así mismo en la página web: www.anuariocdi.org

63 *Ibidem*, p. 57, párr. 153.

64 *Ibidem*, p. 91, párr. 243 y ss.

65 *Delimitación marítima en el Mar Negro (Rumania c. Ucrania), fondo*, en *C.I.J. Recueil 2009*, p. 108, párr. 137.

pertinentes, en aras de obtener un resultado equitativo,[66] tal y como ya lo había hecho en el caso de la *Frontera terrestre y marítima entre Camerún y Nigeria*,[67] ya que en el caso nuestro se veía en la diferencia existente en la relación de las costas pertinentes, es decir, en la relación de 1 a 3,44 ya señalada.

Hasta este momento todo era previsible, sin embargo, empezarían nuestros problemas en la medida en que la Corte ya había decidido no incluir a Quitasueño para determinar la Costa pertinente colombiana; tampoco tuvo en cuenta el archipiélago como una unidad, sino que tomó cada isla en forma individual. Es decir, las circunstancias especiales hacían que la diferencia arriba señalada en las proporciones de las costas pertinentes fuera muy grande. Esto llevó a que se le otorgaran a Nicaragua alrededor de 2/3 partes de las aguas en disputa.

Posteriormente la Corte entró de determinar cuál era la zona marítima pertinente y así como los derechos que generan las diferentes formaciones marítimas, es decir, los cayos de Albuquerque, Este-Sur-Este, Roncador, Serrana, Serranilla y Bajo Nuevo. La Corte sostuvo que todos estos espacios generan un derecho de doce millas náuticas, rechazando la posición nicaragüense que pretendía que estas formaciones solo debían tener un derecho a tres millas náuticas como consecuencia de su pequeño tamaño. Así mismo, sostenía que no tenían derecho a zona económica exclusiva ni a plataforma continental al tratarse "de rocas no aptas para mantener habitación humana o vida económica propia".[68]

En lo relativo a Quitasueño, la Corte efectuó un análisis individual en la medida en que no es comparable con las demás formaciones. En efecto, la Corte sostuvo que la mayoría de las elevaciones de bajamar que se encuentran alrededor de QS 32 se encuentran en un perímetro que no es superior a doce millas náuticas, razón por la que pueden ser tenidas en cuenta para generar espacios marítimos como una unidad y gozar de un mar territorial como el

[66] *Diferendo territorial y marítimo (Nicaragua c. Colombia), fondo, C.I.J. Sentencia del 19 de noviembre de 2012*, p. 77, párr. 205. *Anuario Colombiano de Derecho Internacional – ACDI*, vol. 5, 2012; así mismo en la página web: www.anuariocdi.org

[67] *Frontera terrestre y marítima entre Camerún y Nigeria (Camerún c. Nigeria; Guinea Ecuatorial (interviniente)), fondo*, en *C.I.J. Recueil 2002*, p. 441, párr. 288.

[68] Convención de las Naciones Unidas sobre el Derecho del Mar -CNUDM-, artículo 121, numeral 3.

de cualquier isla de acuerdo con lo estipulado en el artículo 121 de la CNUDM, es decir, de doce millas náuticas.[69]

La Corte, bajo el principio de equidad, decidió que la línea media provisional se debía mover hacia el este, como consecuencia de la diferencia en la relación existente entre las costas pertinentes. Al moverlas determinó que no se podía reducir el derecho que cada una de las islas generaba a las doce millas náuticas de mar territorial.

Posteriormente llegaría la debacle. En efecto, la Corte consideró que Nicaragua tenía un derecho de 200 millas náuticas, que solo se vería interrumpido por el derecho que genera, a su vez, cada una de las islas colombianas ubicadas más al oeste del meridiano 82 y que, en consecuencia, se encuentran enfrentadas a la costa nicaragüense. Es decir, San Andrés, Providencia, Santa Catalina y los cayos de Albuquerque que generan un derecho de 200 millas náuticas hacia el este de las mismas.[70] Este fue el argumento con el que la Corte terminó trazando dos líneas paralelas al norte y al sur de las islas mencionadas, privando a Colombia de gran parte de espacios marítimos que habíamos considerado como nuestros aún desde antes de la independencia de España. Esto mismo sirvió para determinar que Quitasueño y Serrana quedarían como enclaves siguiendo la jurisprudencia del caso de las *islas anglonormandas*.[71]

D. Determinación de dejar a Quitasueño y Serrana como enclaves

El haber dejado los enclaves empieza en el momento que la Corte sostuvo que Quitasueño no podía ser incluido para trazar la línea media provisional en la medida que QS 32, la única formación que queda sobre el nivel del mar en pleamar, es una formación de apenas un metro cuadrado que se encuentra a 40 millas náuticas de la isla de Providencia, en consecuencia decidió no tenerla en cuenta.[72] A esto se suma lo explicado en la parte final del punto anterior en el sentido de que la distancia y el tamaño debían ajustarse al principio de

---

69 *Diferendo territorial y marítimo (Nicaragua c. Colombia), fondo, C.I.J. Sentencia del 19 de noviembre de 2012*, p. 69, párr. 182. *Anuario Colombiano de Derecho Internacional – ACDI*, vol. 5, 2012; así mismo en la página web: www.anuariocdi.org

70 *Ibidem*, p. 88, párr. 236.

71 *Delimitación de la Plataforma Continental entre el Reino Unido de Gran Bretaña y de Irlanda del Norte y la República Francesa* (1977), *RSA*, vol. XVIII.

72 *Diferendo territorial y marítimo (Nicaragua c. Colombia), fondo, C.I.J. Sentencia del 19 de noviembre*

equidad y por esto, al no poder ser incluidas dentro del área establecida por la Corte para trazar la línea media provisional, quedaron por fuera los cayos de Quitasueño y de Serrana.

Este punto de la decisión, creo yo, es el más sensible en la medida en que la Corte generó una situación que, a futuro, será objeto de discusiones y eventuales roces con Nicaragua. Esto a pesar de que las aguas que se deben navegar para que los buques colombianos puedan llegar hasta esos cayos son zona económica exclusiva. Es decir que se trata de aguas en las que hay libertad plena de navegación de acuerdo con lo señalado en el artículo 58 de la CNUDM y que esperamos que las autoridades nicaragüenses respeten plenamente.

3- Consideraciones finales

En primer lugar creo que, de acuerdo con las pretensiones nicaragüenses, el resultado final pudo ser aun más grave de lo que fue en la medida que pretendían dejar enclavadas todas las islas, islotes y cayos, incluidos San Andrés, Providencia y Santa Catalina.[73]

En segundo lugar, quiero resaltar el hecho de que la Corte le cerró la puerta a las pretensiones nicaragüenses relativas a una eventual indemnización por la pesca efectuada por Colombia durante todos los años que Nicaragua no pudo hacerlo. En efecto, la Corte sostuvo que en la medida en que se trataba de una frontera que no había sido trazada, la parte que le sea atribuida a una de las partes "no abre el derecho a una reparación".[74]

Finalmente, teniendo en cuenta que se trata de una decisión inapelable y definitiva, creo yo que en este momento nos debemos centrar en los puntos que la Corte dejó pendientes. En este sentido, creo que hay dos puntos esenciales.

El primero de ellos es el relativo a las 200 millas náuticas de mar territorial. En la medida que Nicaragua no ha trazado sus líneas de base, la Corte no pudo determinar hasta dónde llegan esas 200 millas. En este sentido, Colombia debe estar alerta al método que vaya a usar Nicaragua para trazarlas y recordar el caso de *Qatar c. Bahréin* en el que la Corte recordó que el principio general es de trazar las líneas de base en bajamar y que, en consecuencia, las

de 2012, p. 75, párr. 202. *Anuario Colombiano de Derecho Internacional – ACDI*, vol. 5, 2012; así mismo en la página web: www.anuariocdi.org

[73] *Ibidem*, p. 70, párr. 186.

[74] *Ibidem*, p. 93, párr. 249.

líneas de base recta son una excepción que se aplica únicamente cuando la costa es demasiado accidentada.[75]

Permitirle a Nicaragua que haga un trazado de acuerdo a este segundo mecanismo equivale a que tenga un mayor espacio de aguas interiores y, en consecuencia, que las doce millas náuticas de mar territorial se empiecen a contar a partir de una distancia mayor de la costa y, por ende, las 188 millas náuticas de zona económica exclusiva también se empiecen a contar más hacia el este, generándonos una nueva pérdida de espacios marítimos para Colombia.

En segundo lugar, y para terminar el presente texto, con relación a los pescadores artesanales, me llama la atención que la Corte no haya hecho referencia a la pesca de subsistencia. A pesar de que este concepto fue considerado por la Corte como un derecho consuetudinario en el diferendo *Relativo a los derechos de navegación entre Costa Rica y Nicaragua* cuando afirma que "la Corte concluye que la pesca por los habitantes de la ribera costarricense del río San Juan para fines de subsistencia desde esa margen debe ser respetada por Nicaragua como derecho consuetudinario",[76] garantizando así los derechos de los isleños a pescar en la zona sin necesidad de entrar a determinar si se trata de espacios nicaragüenses o colombianos.

Conclusiones generales con relación a los siete escritos aquí presentados

1. De los anteriores escritos queda claro, a mi juicio, que se cometieron errores en la defensa. Sin embargo, estos no tienen relación alguna con el resultado final del caso.
2. Queda claro que cualquier actuación que se hubiera querido hacer para evitar que la Corte fuera competente debió realizarse entre 1980, año en que Nicaragua declaró unilateralmente la nulidad del Tratado Esguerra-Bárcenas (esperpento jurídico que la Corte, con razón,

---

[75] *Delimitación marítima y cuestiones territoriales entre Qatar y Bahréin (Qatar c. Bahréin), fondo*, en *C.I.J. Recueil 2001*, p. 103, párr. 212.

[76] *Diferendo relativo a los derechos de navegación y derechos conexos (Costa Rica c. Nicaragua), fondo,*, en *C.I.J. Recueil 2009*, p. 266, párr. 144. *Anuario Colombiano de Derecho Internacional – ACDI*, vol. 3, 2010, pp. 195-270; así mismo en la página web: www.anuariocdi.org

no tuvo en cuenta), y el mes de diciembre del año 2000, es decir, un año antes de la presentación de la demanda por parte de Nicaragua ante la CIJ; esto en la medida en que se requiere de este lapso para denunciar un tratado de acuerdo con la Convención de Viena sobre el Derecho de los Tratados.[77] Lo mismo ocurre con el Pacto de Bogotá.[78] En mi sentir, esta misma regla se debe aplicar para el retiro de las declaraciones de aceptación de la Corte Internacional de Justicia.[79]

3. No logro entender la razón por la que la Corte determinó dejar a Quitasueño y Serrana como enclaves. Esto, además de lo jurídicamente discutible, en lugar de resolver un diferendo, como es su función, creó una situación de tensiones futuras entre los dos Estados.
4. Jurídicamente es improbable que Nicaragua presente una nueva demanda solicitando que se le adjudique una plataforma continental extendida, tal y como se explicó en las consideraciones finales del artículo 7.
5. Jurídicamente es imposible que Nicaragua presente una nueva demanda relativa a la soberanía sobre las islas, los islotes y cayos (especialmente San Andrés, Providencia y Santa Catalina) ubicados al este del meridiano 82, por tratarse de cosa juzgada.
6. Es claro que esta discusión no es susceptible de apelación y que las condiciones no están dadas, ni lo estarán, para interponer los recursos de interpretación o de revisión, que son los únicos que permite el Estatuto de la Corte.
7. No cumplir con el fallo no es una opción, esto solo es actuar de mala fe frente al derecho internacional. Además, puede afectar la confianza inversionista y en consecuencia alejar la inversión extranjera en la medida que consideren que es un riesgo invertir en un Estado que solo cumple las decisiones judiciales internacionales que le son favorables.

---

[77] Convención de Viena sobre el Derecho de los Tratados, artículo 56.2.

[78] Tratado Americano de Soluciones Pacíficas –Pacto de Bogotá–, artículo LVI.

[79] Kolb, Robert; "La dénonciation avec effet immédiat de déclarations facultatives établissant la compétence de la Cour internationale de Justice", en *Promoting Justice, Human Rights and Conflict Resolution Through International Law: Liber Amicorum Lucius Caflisch*, Kohen, Marcelo (ed), Martinus Nijhoff Publishers, 2007, pp. 883-884.

8. Costa Rica es el Estado más beneficiado, además de Nicaragua, con esta decisión, en la medida en que le quitó la camisa de fuerza que tenía con relación al Tratado Fernández-Facio de 1977 sobre delimitación marítima con Colombia que nunca quisieron ratificar. Es decir que se le abren nuevas opciones para aumentar sus espacios marítimos.
9. En este momento las vías jurídicas llegaron a su fin. El paso a seguir es que la diplomacia asegure por la vía bilateral que se respeten los derechos de los pescadores artesanales al tratarse de una costumbre, tal y como la Corte lo determinó en el caso de Costa Rica contra Nicaragua y que, en consecuencia, se le permita a los pescadores realizar faenas en los lugares en los que históricamente se han realizado. Esto independientemente de que se trate de aguas colombianas o nicaragüenses.
10. Finalmente, para terminar quiero reiterar la importancia de que Colombia esté pendiente de la forma cómo Nicaragua va a trazar las líneas de base, en la medida en que el principio general es que estas deben ser trazadas en bajamar. Si ellos acuden a la excepción, que no le es aplicable en la medida en que su costa no es muy accidentada, generaría un nuevo perjuicio para Colombia, considerando que el límite de las 200 millas náuticas de zona económica exclusiva se hallarían más al este de lo que estarían si se trazan de acuerdo con la primera fórmula.

El fallo sobre San Andrés: El debate de la supremacía del derecho internacional, la obligatoriedad del fallo y el derecho interno constitucional colombiano

Walter Arévalo Ramírez*

Resumen

El artículo explica, desde las distintas fuentes internacionales y constitucionales que estipulan la supremacía del derecho internacional sobre el derecho interno y otros principios de derecho internacional, la obligatoriedad de la sentencia de la CIJ relativa al diferendo territorial y marítimo Nicaragua c. Colombia, respondiendo a las reacciones de la política interna nacional que han promovido su incumplimiento. También analiza los escenarios hipotéticos de cumplimiento, incumplimiento y responsabilidad internacional, como también las relaciones entre el fallo, el derecho internacional y la Constitución Política colombiana de 1991.

---

* Abogado y Politólogo Rosarista (*Cum Laude*). Especialización en Derecho Constitucional. Profesor Investigador. Análisis Político Internacional – Derecho Internacional. Facultades de Ciencia Política y Gobierno, y de Relaciones Internacionales y de Jurisprudencia, Línea de Investigación en derecho Internacional. Miembro del *Anuario Colombiano de Derecho Internacional*. Ha sido analista en medios de comunicación como BBC (Reino Unido), Semana.com, CM&, Caracol Noticias, Cablenoticias, El Universal, Vanguardia, El Nuevo Siglo, Mercado de Dinero, Hispantv (Medio Oriente), LaSillaVacia.com, NTN24, ADN, ABC (España), Yahoo Noticias (Argentina), Caretas (Perú), El Nuevo Diario (Nicaragua), Razón Pública, El Capital (Chile), Vocero Dominicano (Rep. Dominicana), El Nacional (Venezuela), Dinero, El País, El Heraldo, Diario del Magdalena, El Mostrador (Chile), La Tercera (Chile), Director Editorial de www.thebluepassport.com, Premio Asociación Cavelier del Derecho 2009-2010. walter.arevalo@urosario.edu.co www.walterarevalo.com

Abstract

The article, based on different sources that explain the supremacy of international law over domestic constitutional law, and provide other principles of international law, explains the compulsory and binding power of the ICJ judgment on the territorial and maritime dispute Nicaragua v. Colombia, in response to the multiple national reactions that have promoted ideas about its repudiation and non-compliance. It also explores multiple scenarios of compliance, non-compliance and international state responsibility, as well as the multiple relations between the ICJ judgment, international law as a whole, and the Colombian Constitution of 1991.

Introducción: el debate de la obligatoriedad del fallo: un efecto de su rechazo político

Tras conocerse el fallo proferido por la Corte Internacional de Justicia relativo al diferendo territorial y marítimo Nicaragua c. Colombia del 19 de noviembre de 2012,[1] en el país se instauró súbitamente y ante la complejidad de la decisión de la Corte, el debate acerca de la supremacía del derecho internacional sobre el derecho interno, la obligatoriedad de las sentencias de la Corte Internacional de Justicia (CIJ) y su relación con el ordenamiento constitucional y legal colombiano.

Tal efecto tuvo por caja de resonancia a las primeras reacciones políticas del gobierno,[2] como también las del Congreso de la República y varios sectores políticos, que ante el descontento nacional y en respuesta a la tormenta política interna en todas sus dimensiones —incluyendo la electoral— promovieron explorar conductas de *desacato*, inaplicación, rechazo, excepción y todo tipo de cuestionamientos a la legalidad, aplicabilidad y validez de la sentencia,[3] en gran medida soportados en sus propias lecturas de las disposiciones constitucionales en materia de límites o, incluso, en ejemplos excepcionales de inaplicación de fallos de la Corte en otros contextos geopolíticos por algunos países.

[1] Diferendo territorial y marítimo (Nicaragua c. Colombia), fondo, CIJ. Sentencia del 19 de noviembre de 2012, La traducción al español de esta sentencia puede ser consultada en: *Anuario Colombiano de Derecho Internacional -ACDI*, vol. 5, 2012; así mismo en la página web: www.anuariocdi.org

[2] Alocución del Presidente Juan Manuel Santos sobre el fallo de la Corte Internacional de Justicia http://www.cancilleria.gov.co/news/news/node/4281

[3] Arévalo Ramírez, Walter. "El fallo sobre San Andrés: de la irresponsabilidad política a la responsabilidad internacional", en Revista *Razón Pública*, domingo 27 de enero de 2013. ISSN 2145-0439.

En lo jurídico, ámbito que este artículo pretende explorar, la discusión giró en torno al clásico y fundacional debate entre la supremacía del derecho internacional o la supremacía del derecho interno, incluso constitucional, pugna que ha acompañado desde su nacimiento, tanto al derecho internacional público clásico, al moderno, como también al constitucionalismo.

A lo largo del escrito pretendemos reivindicar el valor vinculante del derecho internacional en el derecho colombiano, explicar las fuentes de la obligatoriedad de las sentencias de la CIJ, tanto internacionales como vistas desde el derecho interno colombiano, analizar las propuestas jurídico-políticas de aplicación del fallo y justificar su valor vinculante desde varias lecturas del texto constitucional de 1991.

1. El elemento teórico: Las teorías del monismo internacional, el monismo constitucional y el dualismo; la situación actual

Para efecto de las discusiones que se abordarán más adelante resulta conveniente recordar que tal debate no ha sido ajeno a la historia de la relación entre el derecho internacional y el derecho interno en todo el globo y que ha sido abordado, desde distintas argumentaciones, por grandes teóricos de la ciencia jurídica. De tal repaso de teorías vale presentar brevemente el contenido de las tendencias dominantes.

1.1 El dualismo

La teoría dualista entiende al derecho internacional y al derecho interno como dos regímenes válidos por sí mismos, pero que en ningún momento tienen contacto o centro de imputación jurídica común alguno; la distinción se basa —según tal teoría— en que regulan hechos y sujetos distinto,[4] relaciones jurídicas diametralmente opuestas, instrumentos irreconciliablemente diferentes, como también, jurisdicciones y autoridades separadas.

La validez o eficacia de los productos de uno de los dos sistemas no se ve afectada por su adecuación con las premisas del otro. Así, actos jurídicos o decisiones de las autoridades pueden ser acordes o no a lo estipulado por el otro sistema, sin perder validez o ser consideradas ilegales. Tal espacio entre los dos sistemas les permite desconocerse el uno al otro, es decir, una decisión del derecho internacional abiertamente contraria a los designios de

---

4 Verdross, Alfred. *Derecho Internacional Público*, 6ª edición, Madrid: Aguilar, 1980.

la normatividad interna puede tener un instrumento jurídico antagónico en el derecho interno que sea adecuado en su contexto interno y contrario al derecho internacional.[5]

Tales tesis, en tanto permitirían el desconocimiento e incluso contradicción entre uno y otro sistema de derecho, resultan casi imposibles en el mundo político-jurídico actual, terciado por fenómenos como la consolidación de una sociedad internacional de Estados; el sistema de Naciones Unidas, la globalización, las regulaciones transnacionales e internacionales, el multilateralismo, la sesión de soberanía a esquemas de integración, e incluso, las tendencias recientes del neoconstitucionalismo.[6]

1.2 El monismo

Las tesis monistas, en lugar de establecer que derecho internacional y derecho interno son dos sistemas lógicos distintos sin ningún punto de contacto y afectación en materia de validez o jerarquía, parten de considerar al sistema jurídico como un conjunto único, pleno y definido, dentro del cual existe jerarquía de normas.

Es en el asunto de la jerarquía normativa donde los monistas presentan dos posibles soluciones, una de ellas, partidaria de la supremacía de los ordenamientos internos de los Estados sobre las normas internacionales, en razón, por ejemplo, de la soberanía del Estado o en la supuesta ausencia de mecanismos coercitivos en el derecho internacional (afirmación que actualmente no encuentra justificación), y, de otro lado, un monismo internacional, donde las normas internacionales cuentan con supremacía frente al orden interno y por demás, les sirven como criterio de validez, posición que se hace patente en la obra de Kelsen.[7]

En la actualidad, los ordenamientos jurídicos suelen adoptar de forma moderada las tesis monistas para unos u otros asuntos de interés constitucional y legal. Tal situación no es ajena al ordenamiento jurídico colombiano donde la Constitución Política y la doctrina constitucional navega de un modelo a otro, por ejemplo, dando prevalencia explícita al derecho internacional en ma-

---

[5] Monroy Cabra, Marco Gerardo. *Derecho internacional Público*, 5 ª ed. Bogotá: Temis, 2002. p. 135.

[6] Zagrebelsky, Gustavo. *El derecho dúctil*, 5a. ed., Madrid, Trotta, 2003.

[7] Kelsen, Hans. "Les rapports de système entre le droit interne et le droit international public", *R.C.A.D.I.*, 1926-IV, pp. 227-329.

teria de derechos humanos[8] (monismo internacional) y de otro sometiendo a los tratados de otros asuntos a control constitucional, expresión del monismo interno-constitucionalista que ha sufrido un vaivén a lo largo de la jurisprudencia de la Corte Constitucional entre la aceptación de la intangibilidad de los tratados vigentes[9] contra doctrinas de la supremacía de la Constitución[10] sobre ellos.[11]

Respecto al fallo de la Corte Internacional de Justicia, explicaremos cómo una lectura abierta e integradora de los principios constitucionales explica su obligatoriedad en el orden interno, además de las fuentes internacionales de su valor vinculante y, por el contrario, no es correcta una posición de monismo constitucionalista que se pueda derivar de una lectura exegética y antisistémica de algunas de las disposiciones de la Constitución de 1991.

2. Las razones y fuentes internacionales del valor vinculante de la sentencia de la Corte Internacional de Justicia: Supremacía del derecho internacional y obligatoriedad de la sentencia

El valor vinculante de los fallos de la Corte Internacional de Justicia, es decir, su condición de plena legalidad, obligatoriedad y valor de cosa juzgada, se soporta tanto en normas internacionales como en la recepción de ellas que hacen las normas de derecho interno de los Estados. En este segmento exploraremos

---

8 Artículo 93. Los tratados y convenios internacionales ratificados por el Congreso, que reconocen los derechos humanos y que prohíben su limitación en los estados de excepción, prevalecen en el orden interno.

Los derechos y deberes consagrados en esta Carta se interpretarán de conformidad con los tratados internacionales sobre derechos humanos ratificados por Colombia.

Incisos 3 y 4 adicionados por el artículo 1 del Acto Legislativo n° 2 de 2001: El Estado colombiano puede reconocer la jurisdicción de la Corte Penal Internacional en los términos previstos en el Estatuto de Roma adoptado el 17 de julio de 1998 por la Conferencia de Plenipotenciarios de las Naciones Unidas y, consecuentemente, ratificar este tratado de conformidad con el procedimiento establecido en esta Constitución.

La admisión de un tratamiento diferente en materias sustanciales por parte del Estatuto de Roma con respecto a las garantías contenidas en la Constitución tendrá efectos exclusivamente dentro del ámbito de la materia regulada en él.

9 Sentencia C-400 de 1998. Corte Constitucional. Colombia.

10 Sentencia C-276 de 1993. Corte Constitucional. Colombia.

11 García Matamoros, Laura Victoria. "Control Constitucional de los Tratados Públicos a la Luz del Derecho Internacional" en *Revista Estudios Socio-Jurídicos*, n° 1, enero de 1999. Universidad del Rosario. Facultad de Jurisprudencia. pp. 98 y ss.

las fuentes, entre tratados, convenciones y jurisprudencia internacional que consolidan la fuerza vinculante de las sentencias de la CIJ, especialmente, las que sean de relevancia para el caso colombiano.

2.1 El Sistema de Naciones Unidas y la obligatoriedad de las sentencias de la CIJ

La Carta de Naciones Unidas, de la cual Colombia hace parte y participa activamente, más aún en la actualidad, desempeñando recientemente roles en el Consejo de Seguridad y el Ecosoc, cristaliza —sin duda alguna— la primacía del derecho internacional y el compromiso extendido por parte de la sociedad internacional de Estados hacia su cumplimiento y desarrollo progresivo.

Dentro del Sistema de Naciones Unidas, la Corte Internacional de Justicia constituye el escenario jurídico de más alto rango para la solución pacífica de controversias, materializando la prohibición del uso de la fuerza. La membresía de un Estado implica automáticamente ser parte del Estatuto de la Corte Internacional de Justicia, lo que no significa una carta blanca de jurisdicción y competencia para la misma, sino la aceptación de sus reglas, lo que, en todo caso, es de relevancia para Colombia tanto antes como después del retiro del Pacto de Bogotá o cualquier otro instrumento que genere competencia para la Corte, pues las sentencias de la misma y el vínculo de los Estados parte con ellas, se rigen indisolublemente por el Estatuto, al respecto, indica la Carta de Naciones Unidas:

> Artículo 92
> La Corte Internacional de Justicia será el órgano judicial principal de las Naciones Unidas; funcionará de conformidad con el Estatuto anexo, que está basado en el de la Corte Permanente de Justicia Internacional, y que forma parte integrante de esta Carta.
>
> Artículo 93
> 1. Todos los Miembros de las Naciones Unidas son *ipso facto* partes en el Estatuto de la Corte Internacional de Justicia.
> 2. Un Estado que no sea Miembro de las Naciones Unidas podrá llegar a ser parte en el Estatuto de la Corte Internacional de Justi-

cia, de acuerdo con las condiciones que determine en cada caso la Asamblea General a recomendación del Consejo de Seguridad.[12]

Siendo los artículos anteriormente citados, junto con los del capítulo primero relativos a la solución pacífica de controversias, el cumplimiento de buena fe de las obligaciones adquiridas de conformidad a la Carta y la prohibición del uso de la fuerza,[13] las fuentes formales esenciales para la conexión entre Colombia-Sistema de Naciones Unidas-Estatuto de la Corte es, sin duda, el artículo 94 el que genera, desde la misma Carta, una obligatoriedad ineludible de la sentencia para el Estado colombiano:

Artículo 94

1. Cada Miembro de las Naciones Unidas se compromete a cumplir la decisión de la Corte Internacional de Justicia en todo litigio en que sea parte.
2. Si una de las partes en un litigio dejare de cumplir las obligaciones que le imponga un fallo de la Corte, la otra parte podrá recurrir al Consejo de Seguridad, el cual podrá, si lo cree necesario, hacer recomendaciones o dictar medidas con el objeto de que se lleve a efecto la ejecución del fallo.

El artículo 94, en su primer inciso, consagra la obligatoriedad de las sentencias de la Corte para todos los miembros del sistema de Naciones Unidas, en desarrollo de lo previsto por el Estatuto, que analizaremos posteriormente. Además, siguiendo la estructura normativa propia de las normas con contenido vinculante y coercible, de provisión-sanción, establece un principio de competencia en cabeza del Consejo de Seguridad para asegurar el cumplimiento de los fallos.

Vale la pena resaltar en este punto del debate cómo la expresión dictada por el artículo es "ejecución" en contra a una posible "inejecución", expresio-

[12] Nota introductoria de la Carta de Naciones Unidas, en https://www.un.org/spanish/aboutun/charter.htm#Cap1: "La Carta de las Naciones Unidas se firmó el 26 de junio de 1945 en San Francisco, al terminar la Conferencia de las Naciones Unidas sobre Organización Internacional, y entró en vigor el 24 de octubre del mismo año. El Estatuto de la Corte Internacional de Justicia es parte integrante de la Carta".

[13] Artículos 1 y 2, numerales 2, 3, 4 y 5 de la Carta de Naciones Unidas.

nes que implican el cumplimiento o el incumplimiento de una obligación, cosa totalmente distinta a la noción de *desacato*, que tanta carrera hizo en las reacciones de la más diversa índole de sectores políticos en el país, expresión que implica un desconocimiento de la legitimidad, legalidad y la fuerza coercible del instrumento y que no tiene lugar en el Sistema de Naciones Unidas.

Los instrumentos con los que cuenta el Consejo de Seguridad para hacer efectivo el cumplimiento de las sentencias de la Corte Internacional de Justicia no son otros sino los consagrados en el Capítulo VII de la Carta de Naciones Unidas, entre los que vale la pena resaltar los dos siguientes artículos:

> Artículo 41
> El Consejo de Seguridad podrá decidir qué medidas que no impliquen el uso de la fuerza armada han de emplearse para hacer efectivas sus decisiones, y podrá instar a los Miembros de las Naciones Unidas a que apliquen dichas medidas, que podrán comprender la interrupción total o parcial de las relaciones económicas y de las comunicaciones ferroviarias, marítimas, aéreas, postales, telegráficas, radioeléctricas, y otros medios de comunicación, así como la ruptura de relaciones diplomáticas.
>
> Artículo 42
> Si el Consejo de Seguridad estimare que las medidas de que trata el Artículo 41 pueden ser inadecuadas o han demostrado serlo, podrá ejercer, por medio de fuerzas aéreas, navales o terrestres, la acción que sea necesaria para mantener o restablecer la paz y la seguridad internacionales. Tal acción podrá comprender demostraciones, bloqueos y otras operaciones ejecutadas por fuerzas aéreas, navales o terrestres de Miembros de las Naciones Unidas.[14]

Adicionalmente, el Sistema de Naciones Unidas ha avanzado en consolidar tales principios como normas imperativas de derecho internacional, *ius cogens*,[15] de obligatorio cumplimiento y de imposibilidad de pacto en contrario

---

[14] Carta de las Naciones Unidas.

[15] Nissot, Joseph. "Le concept de *ius cogens* envisagé par rapport au droit international", en *Revue belge de droit international*, 1968.

para todos los Estados, al consagrarlas como tal[16] en la resolución 2625-XXV de 1970.[17] Esta condición de principios será relevante para su relación con el artículo 9 de la Constitución Política que explicaremos más adelante.

2.2 La Convención de Viena sobre el Derecho de los Tratados y la supremacía del derecho internacional

La Convención constituye uno de los instrumentos más importantes del derecho internacional y definitivamente recoge en ella principios sobre los que descansa toda la justicia internacional y el derecho de los tratados. Para analizar el caso de la sentencia de fondo de la CIJ en el diferendo Nicaragua vs. Colombia, conviene extraer del acápite introductorio de la Convención las siguientes menciones:

> Los Estados Partes en la presente Convención
> Advirtiendo que los principios del libre consentimiento y de la buena fe y la norma *pacta sunt servanda* están universalmente reconocidos;
> Afirmando que las controversias relativas a los tratados, al igual que las demás controversias internacionales deben resolverse por medios pacíficos y de conformidad con los principios de la justicia y del derecho internacional;
> Recordando la resolución de los pueblos de las Naciones Unidas de crear condiciones bajo las cuales puedan mantenerse la justicia y el respeto a las obligaciones emanadas de los tratados;
> Teniendo presentes los principios de derecho internacional incorporados en la Carta de las Naciones Unidas, tales como los principios de la igualdad de derechos y de la libre determinación de los pueblos, de la igualdad soberana y la independencia de todos los Estados, de la no injerencia en los asuntos internos de los Estados, de la prohibición de la amenaza o el uso de la fuerza y del respeto universal a los derechos

[16] La tesis en la que se contempla que los principios de la resolución 2625 son de *ius cogens*, se desarrolla ampliamente en Monroy Cabra, Marco Gerardo... *op. cit.*

[17] A/RES/25/2625 Resolution adopted by the General Assembly, Adopted on a Report from the Sixth Committee (A/8082) 2625 (XXV). *Declaration on Principles of International Law concerning Friendly Relations and Co-operation among States in accordance with the Charter of the United Nations.*

> humanos y a las libertades fundamentales de todos y la efectividad de tales derechos y libertades (...).[18]

Los principios de *pacta sunt servanda*, cumplimiento de buena fe de las obligaciones internacionales y solución pacífica de controversias, son aplicables no solo al derecho de los tratados sino a todas las obligaciones internacionales, incluidas las contenidas y emanadas de sentencias de la Corte Internacional de Justicia.

A los anteriores, la Convención de Viena, aprobada por Colombia por ley 32 de 1985,[19] adiciona otros principios de absoluta relevancia para el caso estudiado y que comprometen a Colombia, el primero de ellos, en su artículo 27:

> Artículo 27. El derecho interno y la observancia de los tratados. Una parte no podrá invocar las disposiciones de su derecho interno como justificación del incumplimiento de un tratado. Esta norma se entenderá sin perjuicio de lo dispuesto en el artículo 46.

El artículo consagra la imposibilidad de invocar normas de derecho interno para incumplir obligaciones de derecho internacional, a riesgo de incurrir en responsabilidad internacional del Estado. Tal principio vincula a Colombia directamente y es de relevancia al momento de confrontar la sentencia de la CIJ con el artículo constitucional 101, ejercicio que realizaremos más adelante.

Por demás, su lectura no se agota en los tratados, sino que abarca las sentencias de la Corte Internacional de Justicia u otras fuentes de obligaciones internacionales. Si se quiere, puede justificarse que el valor jurídico de las sentencias de la Corte emana de tratados como la Carta de Naciones Unidas, la cual, a su vez, consagra el Estatuto de la CIJ y que el Estatuto consagra la obligatoriedad de la sentencia, con lo que, al desconocer el fallo mediante el derecho interno, se viola la Carta y con ello, se recae en el supuesto de hecho del artículo 27 de la Convención respecto de un tratado.

A su vez, la Convención nos lleva a reconocer el valor especial que el derecho internacional le da a los tratados de límites y a las sentencias relativas

---

[18] Convención de Viena sobre el derecho de los tratados U.N. Doc A/CONF.39/27 (1969), 1155 U.N.T.S. 331, Viena, 23 de mayo de 1969.

[19] Ley 32 de 1985 "Por medio de la cual se aprueba la 'Convención de Viena sobre el Derecho de los Tratados', suscrita en Viena el 23 de mayo de 1969", Decreto de Promulgación n° 3703 de 1985.

a delimitación entre Estados, ambos instrumentos que no pueden ser desconocidos por los Estados y de los cuales depende en gran medida la estabilidad del orden público internacional.

Al respecto, es importante resaltar el artículo 62 en su numeral segundo, relativo al cambio fundamental en las circunstancias, como forma de exceptuar el cumplimiento de una obligación internacional:

> 2. Un cambio fundamental en las circunstancias no podrá alegarse como causa para dar por terminado un tratado o retirarse de él:
>
> a) si el tratado establece una frontera; o
> b) si el cambio fundamental resulta de una violación por la parte que lo alega, de una obligación nacida del tratado o de toda otra obligación internacional con respecto a cualquier otra parte en el tratado.[20]

La imposibilidad de utilizar el derecho interno para incumplir una obligación internacional se refuerza especialmente en el ámbito de fronteras, blindando aún más el contenido de la sentencia proferida por la Corte Internacional de Justicia en el diferendo en cuestión.

2.3 La supremacía del derecho internacional sobre el derecho interno en la jurisprudencia internacional

La defensa de la supremacía del derecho internacional ante contradicciones con el derecho interno ha sido un tema de primera línea desde la aparición de los primeros tribunales internacionales. En ese sentido, es numerosa y reiterada la jurisprudencia internacional que se decide por la supremacía del derecho internacional sobre el interno, incluso el de orden constitucional y prefiriendo la fuerza vinculante de las obligaciones internacionales.

Presentar aquí un estudio detallado sobre tal jurisprudencia resultaría engorroso e innecesario, en tanto tales principios son ampliamente aceptados y existen fuentes doctrinales que han realizado tal ejercicio al detalle, para tal efecto, recurrimos a una de ellas, la obra principal de derecho internacional

---

[20] Convención de Viena sobre el derecho de los tratados U.N. Doc A/CONF.39/27 (1969), 1155 U.N.T.S. 331, Viena, 23 de mayo de 1969.

del profesor Monroy Cabra,[21] de la cual nos permitimos citar algunas líneas que recopilan aquella experiencia jurisprudencial:

> La jurisprudencia internacional acepta la prevalencia del derecho internacional sobre el derecho interno. A título de ejemplo, basta citar el asunto del tratamiento de los nacionales polacos en Dantzig (4 de febrero de 1932) y el fallo de la Comisión Mixta de reclamaciones franco-mexicanas en el asunto Georges Pison (19 de octubre de 1928). Así mismo, se debe citar el asunto de las comunidades greco-búlgaras (CIJ, 3117/1930), el caso de las zonas francas de Gex (CIJ sec. A/B, núm. 46,167). También se puede citar el caso Lotus (CPJI, 1929, serie A, núm. 10, p. 18 y el caso Payment of Various Serbian Loans Case, *ibidem*, núms. 20/21, p. 19). En el caso de las zonas francas de Gex, la Corte Internacional declaró (CPJI sec. A/B núm. 46, 167) "Francia no puede apoyarse en su propia legislación para limitar el alcance de sus obligaciones internacionales. Esto Vale incluso para las leyes constitucionales opuestas al derecho internacional". En el asunto relativo a ciertos intereses alemanes en la Alta Silesia, La Corte Permanente de Justicia Internacional expresó: "En relación con el derecho internacional y con el Tribunal del que este es órgano, las leyes nacionales son simples hechos, manifestaciones de la voluntad y de la actividad de los Estados". En el asunto de las comunidades greco-búlgaras, la Corte Permanente de Justicia Internacional declaró: "Es un principio generalmente reconocido del derecho internacional que en las relaciones entre potencias contratantes de un tratado las disposiciones de la ley interna no deben prevalecer sobre las de un tratado" (31/71 1930). (...) y como también lo ha dicho el referido tribunal 'Un Estado que ha contraído obligaciones internacionales está obligado a hacer las modificaciones que sean necesarias en su derecho interno para el cumplimiento de estas obligaciones (CPIJ, serie B, núm. 10 p. 20.)".[22]

El anterior recuento jurisprudencial convalida por completo la imposibilidad de utilizar el ordenamiento interno constitucional, concretamente el

---

21 Monroy Cabra, Marco Gerardo, *op. cit.*

22 Monroy Cabra, Marco Gerardo, *op. cit.*, p. 173.

artículo 101 de la Constitución Política de 1991, para desvirtuar la obligatoriedad y alcance de la sentencia.

Vale resaltar también, por su cercanía temporal, el caso de controversia territorial ante la CIJ entre Libia y Chad,[23] donde la CIJ reconoce la supremacía del derecho internacional sobre el derecho interno, con su especial prevalencia en temas de fronteras, al aplicar el principio de la imposibilidad de utilizar normas de derecho interno para violar obligaciones internacionales o argumentar el cambio fundamental en las circunstancias para exceptuar el cumplimiento de la obligación relativa a una delimitación fronteriza.

2.4 El Estatuto de la Corte Internacional de Justicia

La Carta de las Naciones Unidas, de la cual Colombia hace parte, y el Estatuto de la Corte Internacional de Justicia conforman una unidad indisoluble como lo señala la propia Carta:

> NOTA INTRODUCTORIA
>
> La Carta de las Naciones Unidas se firmó el 26 de junio de 1945 en San Francisco, al terminar la Conferencia de las Naciones Unidas sobre Organización Internacional, y entró en vigor el 24 de octubre del mismo año. El Estatuto de la Corte Internacional de Justicia es parte integrante de la Carta.
>
> CAPÍTULO XIV
> LA CORTE INTERNACIONAL DE JUSTICIA
>
> Artículo 92
> La Corte Internacional de Justicia será el órgano judicial principal de las Naciones Unidas; funcionará de conformidad con el Estatuto anexo, que está basado en el de la Corte Permanente de Justicia Internacional, y que forma parte integrante de esta Carta.[24]

---

[23] Caso relativo a la Controversia territorial (la Jamahiriya Árabe Libia contra el Chad) (I.C.J. Reports 1994).

[24] Estatuto de la Corte Internacional de Justicia, *Artículo 1*
LA CORTE INTERNACIONAL DE JUSTICIA establecida por la Carta de las Naciones Uni-

Tal unidad vincula plenamente a Colombia y, además, las sentencias de la Corte Internacional de Justicia llevan de manera implícita en ellas, los instrumentos de la CIJ, tanto el Estatuto de la CIJ como su Reglamento.

A la sentencia la cobija lo estipulado en el Estatuto de la Corte y tal condición no se ve afectada por el retiro del Pacto de Bogotá en tanto la fuente de pertenencia al Estatuto es la Carta de Naciones Unidas y el Pacto es solo una fuente de competencia en ciertas temáticas y escenarios concretos. La sentencia es vinculante e inapelable en virtud de haber sido proferida bajo la competencia de la Corte respecto al caso en cuestión y obliga definitivamente a las partes, como lo señala el mismo Estatuto:

> Artículo 59
> La decisión de la Corte no es obligatoria sino para las partes en litigio y respecto del caso que ha sido decidido.
>
> Artículo 60
> El fallo será definitivo e inapelable. En caso de desacuerdo sobre el sentido o el alcance del fallo, la Corte lo interpretará a solicitud de cualquiera de las partes.
>
> Artículo 61
> 1. Sólo podrá pedirse la revisión de un fallo cuando la solicitud se funde en el descubrimiento de un hecho de tal naturaleza que pueda ser factor decisivo y que, al pronunciarse el fallo, fuera desconocido de la Corte y de la parte que pida la revisión, siempre que su desconocimiento no se deba a negligencia.
> 2. La Corte abrirá el proceso de revisión mediante una resolución en que se haga constar expresamente la existencia del hecho nuevo, en que se reconozca que éste por su naturaleza justifica la revisión, y en que se declare que hay lugar a la solicitud.
> 3. Antes de iniciar el proceso de revisión la Corte podrá exigir que se cumpla lo dispuesto por el fallo.

---

das, como órgano judicial principal de las Naciones Unidas, quedará constituida y funcionará conforme a las disposiciones del presente Estatuto.

4. La solicitud de revisión deberá formularse dentro del término de seis meses después de descubierto el hecho nuevo.
5. No podrá pedirse la revisión una vez transcurrido el término de diez años desde la fecha del fallo.[25]

El artículo 59 implica que de la sentencia emana una obligación de carácter internacional y un título jurídico, tanto para Colombia como para Nicaragua en relación con la decisión que la Corte estableció en el litigio; ambos países quedan obligados a cumplir la sentencia y se configuran como legitimados para exigir su cumplimiento.

En el ámbito de la coercibilidad, las disposiciones del Capítulo VII de la Carta de Naciones Unidas relativas al Consejo de Seguridad son aplicables para lograr el cumplimiento de las sentencias de la Corte, como también las contramedidas, cuyo uso se faculta a los Estados.

Una lectura sistemática de la Constitución del 91, respetando el espíritu internacionalista en ella contenida, implica que dentro de los principios mencionados en el artículo 9 se debe contar el *pacta sunt servanda*, aplicable a la Carta de Naciones Unidas y a las obligaciones de ella emanadas, como lo son el cumplimiento del Estatuto de la CIJ y de la sentencia misma. Esta posición será ampliada más adelante en este texto cuando se expliquen las fuentes de la supremacía del derecho internacional en la Constitución del 91.

2.5 La responsabilidad internacional del Estado

Otro camino originado al seno del sistema internacional y desarrollado por el derecho internacional para justificar la obligatoriedad de las sentencias de la Corte Internacional de Justicia se construye mediante la doctrina de la responsabilidad internacional del Estado, tema ampliamente desarrollado por distintos relatores a lo largo de 50 años[26] en la Comisión de Derecho Internacional (CDI) y cuyas conclusiones, emanadas de la identificación de costumbres, principios internacionales y tendencias de los Estados, se plasmaron en el Proyecto de Responsabilidad Internacional del Estado por Hechos

---

[25] Estatuto de la Corte Internacional de Justicia.

[26] Giralda Pérez, Aurelio, "El proyecto de la comisión de derecho internacional sobre responsabilidad de los estados, al final del camino". Notas para la Conferencia pronunciada en Madrid, el 22 de noviembre de 2001, en la Real Academia de Legislación y Jurisprudencia". En *Revista Electrónica de Estudios Internacionales*, 2002, vol. 1, pp. 6, 7, 8 (Documento electrónico).

Internacionalmente Ilícitos (A/56/10).[27] Principios que son reconocidos por la Asamblea de Naciones Unidas y que han sido utilizados como criterios auxiliares por distintas instancias jurisdiccionales y de solución de controversias en el ámbito internacional, como también por distintos países al momento de exigir la responsabilidad de sus contrapartes por violación de obligaciones de carácter internacional.[28]

La explicación de la obligatoriedad del fallo por esta vía partiría de considerar a la sentencia como una obligación de carácter internacional, tanto para Colombia como para Nicaragua, por ello, de su incumplimiento emanaría un hecho internacionalmente ilícito, que compromete la responsabilidad internacional del Estado.

Para explicar tal hipótesis resulta pertinente presentar y desarrollar el alcance de ciertas reglas incluidas en el Proyecto de la CDI:

> Capítulo I.- PRINCIPIOS GENERALES
> Artículo 1.- Responsabilidad del Estado por sus hechos internacionalmente ilícitos
> Todo hecho internacionalmente ilícito del Estado genera su responsabilidad internacional.
> Artículo 2.- Elementos del hecho internacionalmente ilícito del Estado
> Hay hecho internacionalmente ilícito del Estado cuando un comportamiento consistente en una acción u omisión:
> a) Es atribuible al Estado según el derecho internacional; y
> b) Constituye una violación de una obligación internacional del Estado.[29]

Los artículos anteriores reflejan la causalidad entre incumplimiento, ilicitud y responsabilidad: igualmente expresan un principio de textura abierta

---

27 Proyecto de Artículos sobre Responsabilidad del Estado por hechos internacionalmente ilícitos, adoptado por la CDI en su 53° período de sesiones (A/56/10) y anexado por la AG en su Resolución 56/83, de 12 de diciembre de 2001.

28 Arévalo Ramírez, Walter, *La bilateralización y fragmentación del derecho internacional: caso: injerencia de los Estados en el proyecto de responsabilidad internacional por el hecho internacionalmente ilícito.* Saarbrücken: Editorial Académica Española, 1ª ed., 2011.

29 Proyecto de Artículos sobre Responsabilidad del Estado por hechos internacionalmente ilícitos, adoptado por la CDI en su 53° período de sesiones (A/56/10).

respecto a lo que puede ser considerado como un hecho ilícito internacional: en vez de hacer una lista taxativa y cerrada de hechos ilícitos, se establece que el incumplimiento de una obligación internacional de cualquier orden, constituye un ilícito internacional y compromete la responsabilidad del Estado: una lectura comprensiva de tal artículo teniendo en cuenta la Carta de Naciones Unidas, el Estatuto de la CIJ y la Convención de Viena del Derecho de los Tratados nos permite establecer que la sentencia de la CIJ alberga una serie de obligaciones tanto para Colombia como para Nicaragua, que, en caso de ser transgredidas, generan responsabilidad internacional por ilicitud internacional.

> Artículo 3.- Calificación del hecho del Estado como internacionalmente ilícito
> La calificación del hecho del Estado como internacionalmente ilícito se rige por el derecho internacional. Tal calificación no es afectada por la calificación del mismo hecho como lícito por el derecho interno.[30]

El artículo 3 del proyecto establece, una vez más, la supremacía del derecho internacional sobre el interno e impide la invocación de reglas de derecho interno para contrarrestar la ilicitud del hecho internacionalmente ilícito generador de responsabilidad internacional.

> Capítulo II.- ATRIBUCIÓN DE UN COMPORTAMIENTO AL ESTADO
> Artículo 4.- Comportamiento de los órganos del Estado
> 1. Se considerará hecho del Estado según el derecho internacional el comportamiento de todo órgano del Estado, ya sea que ejerza funciones legislativas, ejecutivas, judiciales o de otra índole, cualquiera que sea su posición en la organización del Estado y tanto si pertenece al gobierno central como a una división territorial del Estado.
> 2. Se entenderá que órgano incluye toda persona o entidad que tenga esa condición según el derecho interno del Estado.[31]

30 *Ibidem.*

31 *Ibidem.*

Finalmente, el artículo 4 establece de manera clara que los actos de distintas autoridades, comprometen la responsabilidad del Estado, no solo los actos del Ejecutivo como usualmente se piensa en los círculos de las relaciones exteriores. Todo órgano y autoridad del Estado puede comprometer su responsabilidad, lo anterior es relevante en el caso colombiano respecto a los actos del legislativo, como se evidenciará más adelante.

Por último, vale destacar que las posiciones a favor de inaplicar la sentencia o desconocerla, tanto a ella como a la CIJ, recaen en un gravísimo *venire contra factum proprium non valet*: es una lamentable contradicción preformativa negar la competencia, legalidad y obligatoriedad de una sentencia, después de haber participado de forma activa y como parte de cuerpo presente, por más de una década en el proceso diseñado por el tribunal del que ella emana.

3. El derecho internacional en la Constitución de 1991 y la obligatoriedad de la sentencia de la Corte Internacional de Justicia en el diferendo territorial y marítimo entre Colombia y Nicaragua vistos desde las normas constitucionales

3.1 Los artículos 4 y 9 y los principios del derecho internacional en la Constitución de 1991

Después de haber presentado las razones emanadas de instrumentos y principios de carácter internacional por las que el derecho internacional cuenta con supremacía sobre el interno y alrededor de las cuales se justifica la obligatoriedad de las sentencias de la Corte Internacional de Justicia para las partes involucradas en litigios resueltos por ella, el otro ámbito necesario de la presente argumentación reside en la presentación de las razones por las cuales puede decirse 1) que la Constitución de 1991 tiene en general un espíritu de adecuación y respeto del derecho internacional, 2) que implica la obligatoriedad de la sentencia de la CIJ y 3) que la Carta Política del 91 no es opuesta a la sentencia de la CIJ en el diferendo territorial y marítimo entre Colombia y Nicaragua.

El grueso de las posiciones que buscan que la Constitución diga lo que realmente no dice, sustentan su argumentación en una lectura monista constitucionalista de derecho interno del artículo 4[32] que da paso a la imposición

32 Artículo 4°. La Constitución es norma de normas. En todo caso de incompatibilidad entre la

de una lectura errónea del artículo 101 superior. En primer lugar, es necesario reiterar que no es posible hacer una lectura del artículo 4 de la Constitución Política de 1991 sin relacionarlo con el artículo 9:

> Artículo 9°. Las relaciones exteriores del Estado se fundamentan en la soberanía nacional, en el respeto a la autodeterminación de los pueblos y en el reconocimiento de los principios del derecho internacional aceptados por Colombia.
> De igual manera, la política exterior de Colombia se orientará hacia la integración latinoamericana y del Caribe.

El análisis del siguiente artículo demanda las siguientes conclusiones: En primer lugar, es necesario citar el estudio del mismo realizado por el profesor Cavelier[33] donde se explica que la soberanía en él establecida, entendida desde los principios de derecho internacional allí reconocidos, es una soberanía limitada y no absoluta, acorde a los escenarios de la comunidad internacional y, en segundo lugar, que los principios de derecho internacional allí mencionados incluyen los de *ius cogens*, que ya hemos abordado, cuyo reconocimiento, por demás, no se limita a la aceptación nacional.

Lo anterior implica que Colombia por medio de tal artículo reconoce el principio de *pacta sunt servanda*, tanto en tratados como en obligaciones internacionales y que de ello, se deriva una fuente constitucional que lo obliga a cumplir lo estipulado por la Carta de Naciones Unidas, el Estatuto de la Corte Internacional de Justicia y la Convención de Viena, que no es otra cosa que la obligatoriedad de las sentencias de la Corte.

Pero el catálogo de principios internacionales a los que se suscribe Colombia por virtud del artículo 9 no termina allí, sino que alberga todos los que hemos explicado a lo largo de la primera sección del texto, incluyendo la imposibilidad de usar el derecho interno para evitar obligaciones internacionales y el deber de cumplir los tratados y las obligaciones de buena fe.

Constitución y la ley u otra norma jurídica, se aplicarán las disposiciones constitucionales. Es deber de los nacionales y de los extranjeros en Colombia acatar la Constitución y las leyes, y respetar y obedecer a las autoridades.

[33] Cavelier, Germán, "El derecho internacional en la constitución del 1991", en Derecho internacional contemporáneo, lo público, lo privado, lo derechos humanos, *liber amicorum,* en honor a Germán Cavelier. Abello-Galvis, Ricardo (ed. académico). Universidad del Rosario, Bogotá, 2006.

A diferencia del ámbito exclusivamente relativo a la constitucionalidad de tratados en materias donde la supremacía del derecho internacional no se ha hecho explicita por la Carta, espacio gris donde existen varias posiciones,[34] en otros escenarios tal supremacía ha sido ampliamente desarrollada por la jurisprudencia y se manifiesta de forma más prístina en la Carta Política, por ejemplo, en materia de Derechos Humanos y Derecho Internacional Humanitario[35] o en lo desarrollado por la Corte Constitucional alrededor de la noción de Bloque de Constitucionalidad,[36] como en tales asuntos, la jurisprudencia constitucional respecto a los principios del artículo 9 ha sido en algunos casos, enriquecedora:

> Este principio de que Colombia debe cumplir de buena fe sus obligaciones internacionales tiene evidente sustento constitucional, pues la Carta señala que las actuaciones de las autoridades colombianas deben ceñirse a los postulados de la buena fe, norma que se aplica también a las relaciones internacionales.[37]

Aunque la posición de la Corte Constitucional en aspectos relativos a la supremacía del derecho internacional no ha sido plenamente monista internacional, consideramos, a partir de esta interpretación propia, que una lectura sistemática de los artículos 4, 9, 93 y 94 permite corroborar el espíritu a favor de la supremacía del derecho internacional que inspira la Constitución Nacional.

Así bien, consideramos al artículo 9 como epicentro de la obligatoriedad de la sentencia de la Corte Internacional de Justicia, al reconocer e incluir

---

[34] Abello-Galvis, Ricardo, "La Corte Constitucional y el Derecho Internacional: Los Tratados y el control previo de constitucionalidad 1992-1994" en Revista *Estudios Socio-Jurídicos*, Bogotá, Universidad del Rosario, vol. 7, n° 1, junio de 2005 y en *Anuario Colombiano de Derecho Internacional* – ACDI, vol. 1, 2008, pp. 263-391.

[35] Artículo 93. Los tratados y convenios internacionales ratificados por el Congreso, que reconocen los derechos humanos y que prohíben su limitación en los estados de excepción, prevalecen en el orden interno.

Los derechos y deberes consagrados en esta Carta se interpretarán de conformidad con los tratados internacionales sobre derechos humanos ratificados por Colombia.

[36] Uprimny, Rodrigo, "Bloque de constitucionalidad, derechos humanos y nuevo procedimiento penal". Profesor Facultad de Derecho de la Universidad Nacional y Director del Centro de Estudios de Derecho, Justicia y Sociedad. –DJS–. Publicación Online.

[37] Sentencia: C-400 de 1998 Corte Constitucional. Colombia.

dentro del régimen constitucional, los principios internacionales anteriormente expuestos en detalle.

3.2 La Controversia alrededor del artículo 101

El artículo 101 es el que ha generado mayor número de controversias respecto a la obligatoriedad del fallo y ha sido objeto de múltiples interpretaciones. Por ejemplo:

- Para sustentar que el fallo no debe cumplirse,
- Que implica una reforma constitucional,
- Que es contrario a la Constitución,
- Variadas hipótesis acerca de escenarios en los que el Ejecutivo quisiera incorporar el fallo al derecho interno pero el Congreso no se lo permite.

Al respecto, consideramos necesario hacer ciertas aclaraciones adicionales a lo ya explicado respecto a la imposibilidad de invocar el derecho interno, incluso de orden constitucional, en contra de obligaciones emanadas del derecho internacional, pero también relativas a demostrar que el artículo 101 no puede ser leído para promover ninguna de las posiciones anteriores y que por sí mismo no se opone al fallo de la CIJ. El artículo 101 establece lo siguiente:

> CAPÍTULO IV
> DEL TERRITORIO
> Artículo 101. Los límites de Colombia son los establecidos en los tratados internacionales aprobados por el Congreso, debidamente ratificados por el Presidente de la República, y los definidos por los laudos arbitrales en que sea parte la Nación.
> Los límites señalados en la forma prevista por esta Constitución, sólo podrán modificarse en virtud de tratados aprobados por el Congreso, debidamente ratificados por el Presidente de la República.
> Forman parte de Colombia, además del territorio continental, el archipiélago de San Andrés, Providencia, y Santa Catalina, la Isla de Malpelo y demás islas, islotes, cayos, morros y bancos que le pertenecen.
> También son parte de Colombia, el subsuelo, el mar territorial, la zona contigua, la plataforma continental, la zona económica exclusiva,

el espacio aéreo, el segmento de la órbita geoestacionaria, el espectro electromagnético y el espacio donde actúa, de conformidad con el Derecho Internacional o con las leyes colombianas a falta de normas internacionales.

En primer lugar, debemos anotar, respecto a la expresión "Los límites de Colombia son los establecidos en los tratados internacionales aprobados por el Congreso" y la consecuente afirmación "Los límites señalados en la forma prevista por esta Constitución, sólo podrán modificarse en virtud de tratados aprobados por el Congreso", que la situación en el diferendo entre Colombia y Nicaragua dista de encajar en tal supuesto de hecho: es nuestra opinión que, precisamente, lo que la Corte Internacional de Justicia indica es que no existía un tratado de límites aplicable al meridiano 82 entre Colombia y Nicaragua y que por ello sería el tribunal quien realizaría la delimitación marítima: Si esa es la situación, el límite en la zona es creado por una sentencia y no por un tratado y por ello, ante las circunstancias, no requiere ningún tipo de modificación por parte del Congreso: En tanto no había un tratado de límites respecto a los espacios marítimos, no hay nada que modificar.

La alusión a los laudos arbitrales, además de ser un reconocimiento implícito del valor de las instancias internacionales de solución de controversias, hace referencia a laudos del pasado, en concreto, como explica el profesor Cavelier en su análisis visionario del artículo, a los laudos con Venezuela de 1891 y de 1921 y al de Costa Rica en 1900.

En el mismo estudio realizado en el año de 1992, pocos meses después de la promulgación de la Carta, el maestro rosarista ya preveía la posibilidad de que los límites fueran modificados no solo por virtud de tratados, sino por laudos arbitrales o sentencias futuras: "Continua el artículo 101 diciendo que los límites así fijados solo pueden ser variados por tratados aprobados por el Congreso y ratificados por el Presidente, olvidando que también pueden ser fijados por los laudos arbitrales que se pronuncien en el futuro".[38]

Continuando con el artículo 101, este indica que "Forman parte de Colombia, además del territorio continental, el archipiélago de San Andrés, Providencia, y Santa Catalina, la Isla de Malpelo y demás islas, islotes, cayos,

[38] Cavelier, Germán, *op. cit.*

morros y bancos que le pertenecen".[39] Han sido numerosas las voces que han señalado este aparte como fuente de la supuesta incongruencia entre la sentencia y la Constitución, tal vez por desconocimiento del contenido del fallo, cuando precisamente, la sentencia de la Corte Internacional de Justicia, termina por decir exactamente lo mismo que el artículo 101: *Que las islas, cayos, islotes, bancos y morros, son colombianos.*

En su inciso final, el artículo 101 indica: "También son parte de Colombia, el subsuelo, el mar territorial, la zona contigua, la plataforma continental, la zona económica exclusiva, el espacio aéreo, el segmento de la órbita geoestacionaria, el espectro electromagnético y el espacio donde actúa, de conformidad con el Derecho Internacional o con las leyes colombianas a falta de normas internacionales". Es interesante este apartado pues, reconoce la supremacía del derecho internacional en materia de límites, integra las nociones universales de delimitación al ordenamiento interno, pero, por demás, cuando indica que las delimitaciones serán "de conformidad con el Derecho Internacional" debemos entender que no solo a sus fuentes (artículo 38 del Estatuto de la CIJ [40]), sino también, desde una noción sistemática de lo que significa derecho internacional, los pronunciamientos de sus autoridades, como lo es una sentencia de la Corte Internacional de Justicia.

Para la época de redacción y revisión del presente artículo llegó a nuestro conocimiento la noticia de que un ciudadano había presentado demanda de inconstitucionalidad contra la sentencia de la Corte Internacional de Justicia en el diferendo en mención, consideramos, en virtud del artículo 241 de la

---

[39] Inciso aclarado por la Aclaración de la Secretaría General de la Asamblea Nacional Constituyente del 6 de septiembre de 1991, publicada en la *Gaceta Constitucional* n° 125, del 25 de septiembre de 1991.

[40] Artículo 38 Estatuto Corte Internacional de Justicia.

1. La Corte, cuya función es decidir conforme al derecho internacional las controversias que le sean sometidas, deberá aplicar:

a. las convenciones internacionales, sean generales o particulares, que establecen reglas expresamente reconocidas por los Estados litigantes;

b. la costumbre internacional como prueba de una práctica generalmente aceptada como derecho;

c. los principios generales de derecho reconocidos por las naciones civilizadas;

d. las decisiones judiciales y las doctrinas de los publicistas de mayor competencia de las distintas naciones, como medio auxiliar para la determinación de las reglas de derecho, sin perjuicio de lo dispuesto en el Artículo 59.

2. La presente disposición no restringe la facultad de la Corte para decidir un litigio *ex aequo et bono*, si las partes así lo convinieren.

Constitución Política y de los argumentos anteriormente mencionados, que la Corte Constitucional Colombiana carece de competencia para estudiar la constitucionalidad de sentencias de tribunales internacionales.

Consideraciones finales

El estudio anterior sobre la normatividad internacional como nacional nos permite afirmar la supremacía del derecho internacional sobre el interno en el caso en concreto, la imposibilidad de invocar el artículo 101 de la Constitución en contra del fallo y la obligatoriedad de la sentencia de la Corte Internacional de Justicia. Con esas conclusiones en mente, es posible establecer una respuesta concreta a varios escenarios hipotéticos que han surgido en distintos ámbitos de la realidad nacional en contra del fallo pero que, por todo lo anteriormente explicado, no resultan viables:

Escenarios

1. Utilizar Art. 101 de la CP 1991 para NO cumplir	Es inútil respecto al derecho internacional, el artículo no es opuesto a la sentencia y, además, hacerlo genera responsabilidad internacional.
2. Reforma constitucional para NO cumplir	Es inútil respecto al poder vinculante del derecho internacional y su supremacía, hacerlo genera responsabilidad internacional.
3. Decir que un tratado es obligatorio y usarlo como medio para NO cumplimiento	Es falso respecto a la lectura realizada del artículo 101, legitimaría a la contraparte a exigir el cumplimiento de la sentencia, desconoce el principio de supremacía del derecho internacional y es generador de responsabilidad internacional.
4. Decir que un tratado es facultativo y usarlo como medio de cumplimiento para aplicar y generar acuerdos	No es necesario pues la delimitación existe en virtud de la sentencia, pero hacerlo con efecto integrador de recepción puede traer un efecto útil en política exterior, que permite plasmar acuerdos para atenuar los efectos negativos del fallo.
5. Ley de la República negando el fallo	Es inútil respecto al poder vinculante del derecho internacional y su supremacía, hacerlo genera responsabilidad internacional; Tal ley esconde una inconstitucionalidad.
6. Ley de la República APLICANDO el fallo y desarrollando sus efectos	No necesario pues la delimitación existe en virtud de la sentencia, pero hacerlo con efecto integrador de recepción puede traer un efecto útil en política exterior, que permite plasmar acuerdos para atenuar los efectos negativos del fallo.
7. Demanda de inconstitucionalidad contra el fallo (Un caso de la presente hipótesis se dio en febrero de 2013)	Consideramos que la Corte Constitucional colombiana carece de competencia para estudiar la constitucionalidad de sentencias de tribunales internacionales.

Ante la obligatoriedad del fallo, resulta más productivo evitar atacarlo en lo jurídico y buscar mecanismos bilaterales y multilaterales de acercamiento con la contraparte para construir de mutuo acuerdo un régimen de aplicación que pueda ser plasmado en instrumentos internacionales, y que permita reducir los efectos negativos del fallo y desarrollar una solución concertada que respete el fallo pero que permita reivindicar algunos puntos de la posición colombiana, como un régimen compartido en la zona, seguridad y vigilancia compartida, recursos de subsistencia para las comunidades locales, entre otros.

Bibliografía

A/RES/25/2625 Resolution adopted by the General Assembly, Adopted on a Report from the Sixth Committee (A/8082) 2625 (XXV). *Declaration on Principles of International Law concerning Friendly Relations and Co-Operation among States in Accordance with the Charter of the United Nations.*

Abello Galvis, Ricardo. "La Corte Constitucional y el Derecho Internacional: Los Tratados y el control previo de constitucionalidad 1992-1994". En Revista *Estudios Socio-Jurídicos*, Bogotá, Universidad del Rosario, vol. 7, n° 1, junio de 2005.

Arévalo Ramírez, Walter. "El fallo sobre San Andrés: de la irresponsabilidad política a la responsabilidad internacional". En Revista *Razón Pública* Domingo 27 de enero de 2013. ISSN 2145-0439.

Arévalo Ramírez, Walter. *La bilateralización y fragmentación del derecho internacional: caso: injerencia de los Estados en el proyecto de responsabilidad internacional por el hecho internacionalmente ilícito.* Saarbrücken: Editorial Académica Española, 1ª ed., 2011.

Carta de las Naciones Unidas.

Caso relativo a la Controversia territorial (La Jamahiriya Árabe Libia contra el Chad) (I.C.J. Reports 1994).

Cavelier, Germán. "El derecho internacional en la constitución del 1991" en *Derecho internacional contemporáneo. Lo público, lo privado, los derechos humanos, lieber amicorum* en honor a Germán Cavelier. Abello-Galvis, Ricardo (ed. académico), Bogotá: Universidad del Rosario, 2006.

Convención de Viena sobre el Derecho de los Tratados U.N. Doc A/CONF.39/27 (1969), 1155 U.N.T.S. 331, Viena, 23 de mayo de 1969.

Diferendo territorial y marítimo (Nicaragua c. Colombia), fondo, C.I.J. Sentencia del 19 de noviembre de 2012, La traducción al español de esta sentencia puede ser consultada en: *Anuario Colombiano de Derecho Internacional – ACDI*, vol. 5, 2012; así mismo en la página web: www.anuariocdi.org

Estatuto de la Corte Internacional de Justicia.

García Matamoros, Laura Victoria. "Control Constitucional de los Tratados Públicos a la Luz del Derecho Internacional" en Revista *Estudios Socio-Jurídicos,* n° 1, enero de 1999. Universidad del Rosario. Facultad de Jurisprudencia.

Giralda Pérez, Aurelio. "El proyecto de la comisión de derecho internacional sobre responsabilidad de los Estados, al final del camino". Notas para la Conferencia pronunciada en Madrid, el 22 de noviembre de 2001, en la Real Academia de Legislación y Jurisprudencia". *Revista Electrónica de Estudios Internacionales*, ed. 2002, vol. 1, pp. 6, 7, 8. (Documento Electrónico).

Kelsen, Hans. *Teoría pura del derecho*. México, D.F.: Editorial Porrúa, 2009.

Kelsen, Hans. "Les rapports de système entre le droit interne et le droit international public", en *R.C.A.D.I.*, 1926-IV, pp. 227-329.

Ley 32 de 1985. *Por medio de la cual se aprueba la "Convención de Viena sobre el Derecho de los Tratados", suscrita en Viena el 23 de mayo de 1969,* Decreto de Promulgación n° 3703 de 1985.

Monroy Cabra, Marco Gerardo. *Derecho Internacional Público*, 5. ed. Bogotá: Temis, 2002.

Nissot, Joseph. *Le concept de* ius cogens *envisagé par rapport au droit international*, Revue belge de droit international, 1968.

Proyecto de Artículos sobre Responsabilidad del Estado por Hechos Internacionalmente Ilícitos, adoptado por la CDI en su 53° período de sesiones (A/56/10) y anexado por la AG en su Resolución 56/83, de 12 de diciembre de 2001.

Sentencia C-276 de 1993. Corte Constitucional. Colombia.

Sentencia C-400 de 1998. Corte Constitucional. Colombia.

Uprimny, Rodrigo. "Bloque de constitucionalidad, derechos humanos y nuevo procedimiento penal", Centro de Estudios de Derecho, Justicia y Sociedad. DJS Publicación Online.

Verdross, Alfred. *Derecho Internacional Público*, 6ª ed., Madrid: Aguilar, 1980.

Zagrebelesky, Gustavo. *El derecho dúctil*, 5ª ed., Madrid: Trotta, 2003.

Anexo
Mapas Situación del Archipiélago de San Andrés, Providencia, Santa Catalina y los Cayos

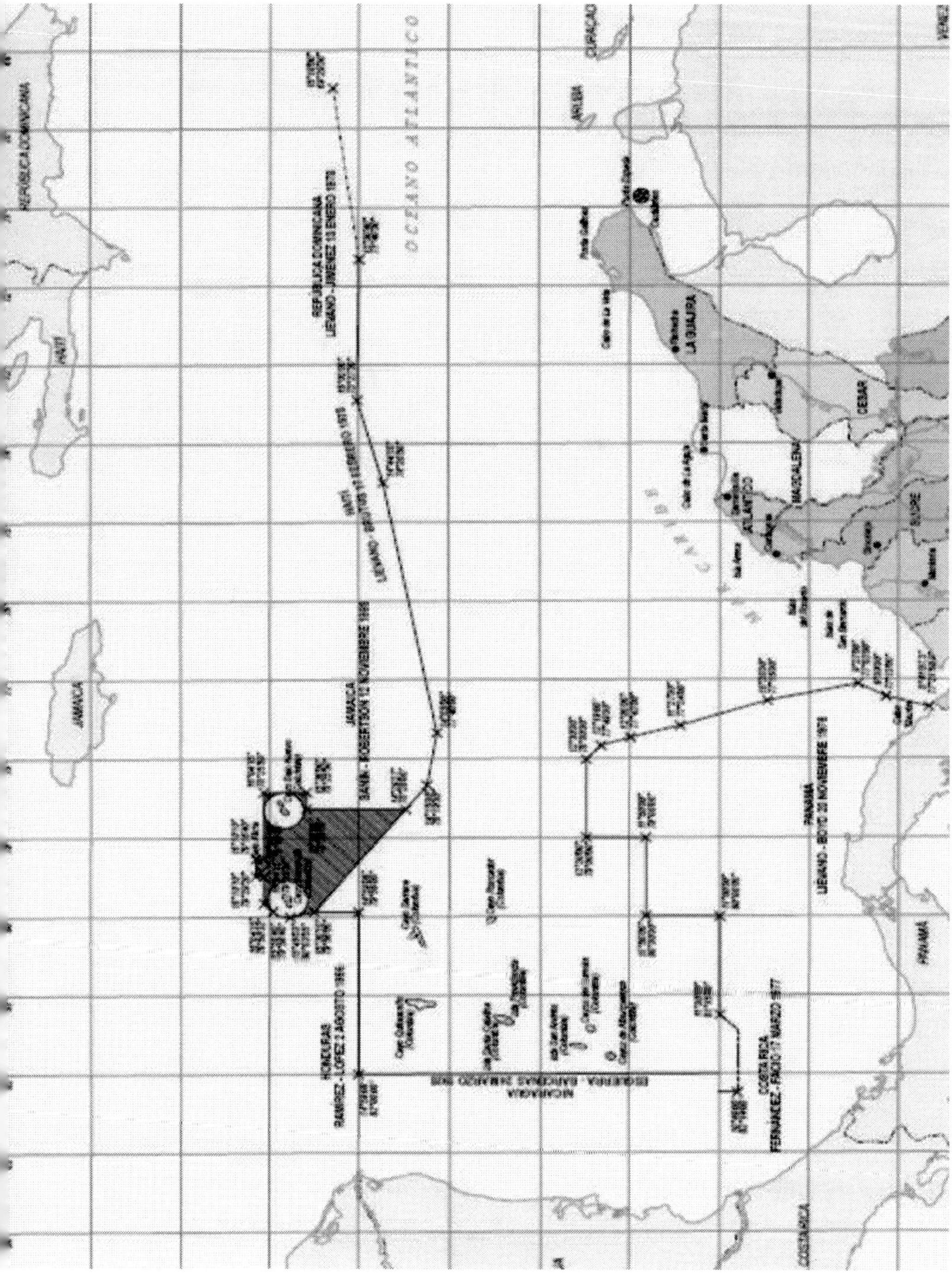

Fuente: Imagen tomada de: http://www.colombia.ru/eng/index.php?option=com_content&task=view&id=54&Itemid=72. Para efectos de comprender la situación limítrofe de Colombia en el Caribe, el Dr. Ricardo Abello-Galvis tomó como referencia dicha imagen y realizó algunos ajustes para explicar gráficamente la situación.

Mapa 2. Situación geográfica del Archipielago San Andrés y Providencia, después que se produjera el Fallo

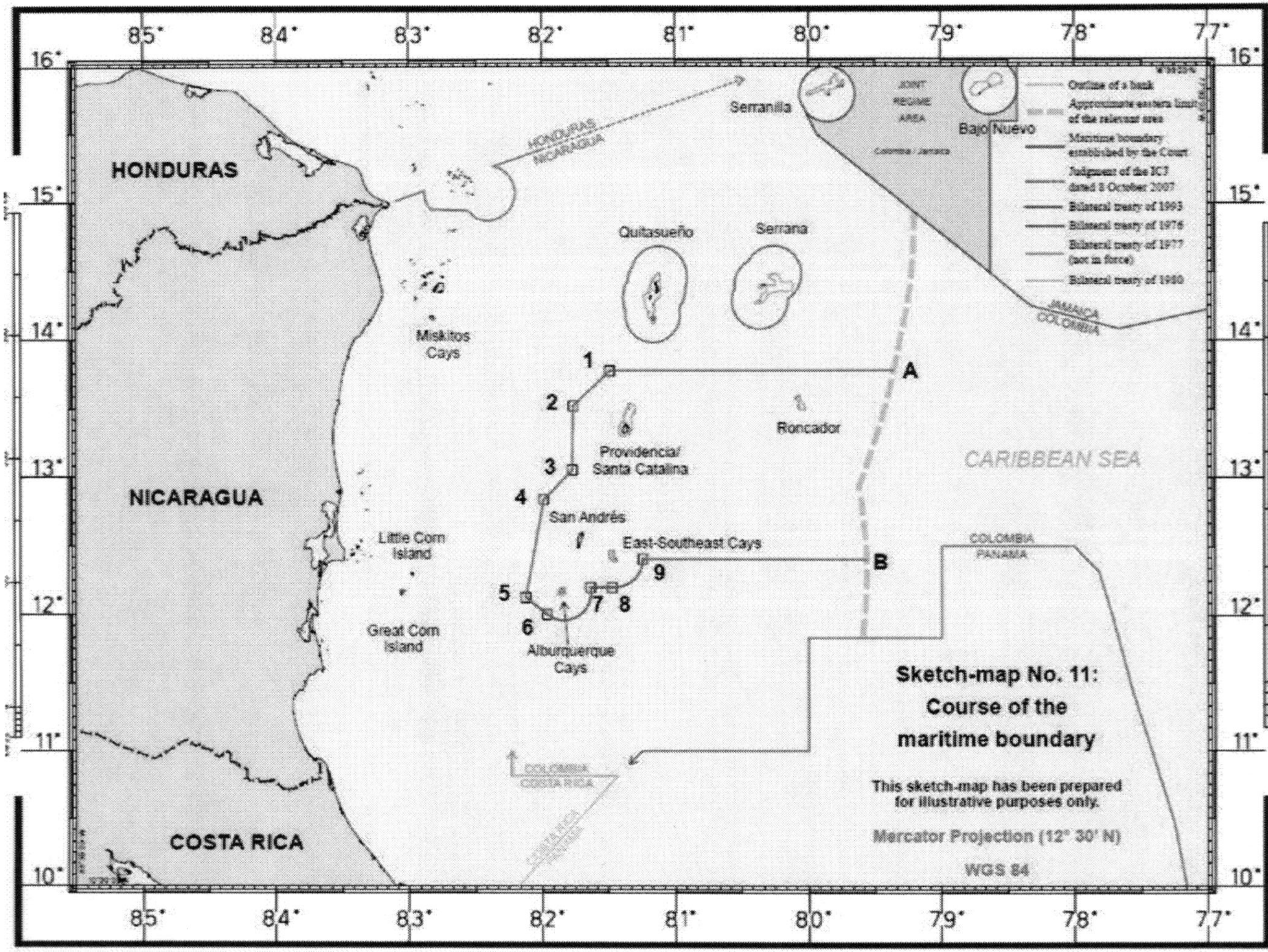

Fuente: Imagen facilitada por la Revista *Anuario Colombia de Derecho Internacional – ACDI*, el cual está incluido en el capítulo "El Diferendo Territorial y Marítimo entre Nicaragua y Colombia.

Universidad del Rosario
360 años

Editorial Universidad del Rosario
15 años

Made in the USA
Monee, IL
18 October 2026

66036012R00081